히브리어
잘읽고
잘쓰는
법

히브리어 잘 읽고 잘 쓰는 법

저자 지종엽
발행인 지종엽
발행처 비블리아
초판 1쇄 인쇄 2023. 8. 30
출판신고 제2006-000034호(2006. 6. 13)
주소 서울 강북구 수유동 554-89 B01호
TEL 010-2320-5291
총판 기독교출판유통 (031)906-9191
ISBN 979-11-983211-1-4

Learning
Hebrew Alphabet

구약성경은 히브리어로 신약성경은 헬라어로 쓰여 있습니다. 성경이 각 나라의 언어로 번역되었음에도 원어로 보려는 사람들이 많이 있습니다. 성경 말씀은 일점일획도 바뀌면 안 되지만(계22:18-19), 어떤 번역본도 성경 본래 의미를 전달하기에는 역부족이기 때문입니다. 신학교에서 성경 헬라어와 성경 히브리어가 필수 과목인 것도 이 때문입니다.

새로운 외국어를 배울 때 넘어야 할 첫 번째 장벽은 읽는 법과 쓰는 법을 배우는 것입니다. 언어학습은 읽기와 쓰기만 되면 절반은 성공한 셈인데 성경 헬라어와 히브리어도 마찬가지입니다. 하지만 초보자를 위해 읽는 법과 쓰는 법을 집중적으로 다룬 책을 찾는 것은 쉬운 일이 아닙니다. 먼저 발간된 『헬라어 잘 읽고 잘 쓰는 법』과 마찬가지로 『히브리어 잘 읽고 잘 쓰는 법』도 성경 원어를 혼자 힘으로 배우려는 분들에게 큰 도움이 될 것입니다.

성경 헬라어와 히브리어를 비교해 보면 언어습득을 위한 난이도는 성경 헬라어가 히브리어보다 두세 배 높습니다. 헬라어 문법이 히브리어 문법보다 배우기가 어렵기 때문입니다. 반면에 글자를 읽고 쓰는 법을 배우는 것은 성경 히브리어가 성경 헬라어보다 두세 배 까다롭고 힘이 듭니다. 그래서 성경 히브리어를 배우려고 도전했다가 읽기와 쓰기에서 포기한 사람들이 의외로 많습니다. 하지만 이 책으로 공부하면 누구나 성경 히브리어 읽기와 쓰기의 장벽을 쉽게 넘을 수 있을 것입니다.

이 책은 구성은 다음과 같습니다.

1장은 히브리어 모음부호를 습득할 수 있도록 하였습니다. 히브리어는 자음으로만 구성된 언어이므로 성경 히브리어를 읽으려면 점과 짧은 선으로 된 모음부호를 읽을 수 있어야 하는데 의외로 배우기가 까다롭습니다. 이 책은 히브리어 글자 체계가 한글과 비슷하다는 것에 착안하여 우리말 자음에 히브리어 모음부호를 붙여서 히브리어 모음부호 읽기 연습을 하도록 하였습니다. 시중에 나온 어떤 히브리어 교재에서도 찾아볼 수 없는 창의적 방법으로 히브리어 읽기 학습에 정말 효과적입니다.

2장에서는 1장에서 배운 모음 실력을 바탕으로 헬라어 자음을 붙여서 히브리어를 읽고 쓰는 법을 연습하도록 하였습니다.

3장은 1장과 2장에서 익힌 히브리어 읽기와 쓰기 능력으로 구약성경을 읽고 쓰는 법을 연습하도록 하였습니다. 창세기와 출애굽기와 이사야서에 나오는 성경 구절을 읽고, 쓰는 연습을 통하여 구약성경을 히브리어 원전으로 읽고 쓸 수 있도록 하였습니다.

4장은 '히브리어 중요단어 300 암기노트'입니다. 어떤 언어를 배우든지 기본 단어를 외우는 것은 필수입니다. '히브리어 중요단어 300 암기노트'는 구약성경에 자주 나오는 단어 300개를 엄선하여 읽기와 쓰기 연습을 하면서 뜻을 암기할 수 있도록 하였습니다.

이 책을 쓸 수 있도록 지혜 주신 하나님께 감사드리며 이 책이 독학으로 성경 히브리어를 배우려는 분들에게 큰 도움이 될 수 있기를 기도합니다.

2023년 8월 10일
저자 지종엽

3장 구약성경 히브리어 읽기/쓰기

4장 히브리어 300 단어 암기노트

제1장
히브리어
모음읽기

1
히브리어 글자 형태

■히브리어는 자음만 있고 모음이 없다

언어는 자음과 모음을 합쳐서 글자를 만드는 게 원칙이다. 하지만 히
브리어는 모음이 없이 자음만으로 글자를 만든다. 예를 들어 '아브라
함'이라는 글자를 히브리어로 쓰면 아래와 같다. 참고로 히브리어는 우
측에서 좌측으로 읽는다.

5개의 자음만으로 아브라함이라는 단어가 되었다. 모음이 없이 자음만
으로 글자를 읽는 게 가능한 것은 미리 약속된 말을 사용하기 때문이
다. 우리말에서도 자음만으로 의사전달을 할 때가 있다. 예를 들면 카
톡에서 ㅇㅋㅇ 라고 쓰면 '오케이'로 읽고 ㅇㅇ 라고 쓰면 '응'으로 읽

는 것과 같다. ㅇㅁㄴ 라고 쓰고 '어머니'로 읽기로 사회적으로 약속하거나 또는 ㅇㅂㅈ 라고 쓰고 '아버지'로 읽기로 약속하면 모음 없이 자음만으로 글자를 읽을 수 있다.

■자주 읽고 말하지 않으면 읽는 법을 잃어버린다

모음이 없는 히브리어의 단점은 자주 사용되지 않는 단어는 읽는 법을 잃어버릴 수 있다는 것이다. 이스라엘 역사에서 실제로 그런 일이 일어났다. 구약성경에 나오는 하나님이 모세에게 알려준 하나님의 이름은 4개의 히브리어 자음으로 된 글자이다. 하지만 유대인들은 "하나님의 이름을 망령되이 부르지 말라"는 십계명을 지키기 위해 성경에 나오는 하나님의 이름을 아도나이(주님)으로 바꾸어 읽었다. 그리고 시간이 흐르면서 하나님의 이름을 읽는 법을 잃어버렸다.

오늘날 이 글자를 '여호와' 또는 '야웨'로 읽지만, 이 글자의 실제 발음을 아는 사람은 아무도 없다. 이런 문제는 히브리어 자음으로만 기록된 구약성경에서도 나타날 수 있다. 강대국의 지배로 인해 나라를 잃고 다른 나라에 사는 디아스포라 유대인들이 히브리어 성경을 자주 읽지 않는다면 자음으로만 기록된 성경을 읽는 법을 잃어버릴 수도 있기 때문이다.

■맛소라 학자들에 의해 모음부호가 만들어짐

헬라시대에 헬라어가 세계 공용어가 되면서 히브리어 사용이 줄어들고 히브리어 성경도 헬라어 번역본인 70인역으로 읽는 게 일상화가 되었다. 그러자 히브리어 성경을 읽는 법을 잃어버릴 것을 염려한 5-9세기에 활동했던 맛소라 학파로 불리는 유대인 학자들은 구약성경 사본을 만들면서 성경 히브리어를 읽을 수 있는 모음 부호를 만들어 표기했다. 오늘날 우리가 보는 히브리어 성경에 모음 부호가 있는 것은 맛소라 학자들이 만든 성경 사본에서 비롯된 것이다.

'아브라함'이라는 글자를 모음 부호를 붙여서 쓰면 아래와 같다.

오늘날에도 히브리어를 처음 배우려면 모음부호 읽는 법을 배워야 한다. 점으로 된 히브리어 모음 부호는 읽기가 까다롭다. 따라서 히브리어를 능숙하게 읽으려면 모음 부호를 읽는 연습부터 해야 한다.

■히브리어 모음부호 위치

히브리어 모음의 위치 : ①자음 아래 ②자음 왼쪽 ③자음 왼쪽 위

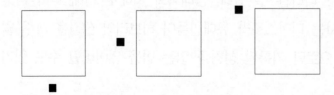

히브리어 모음부호는 한글의 모음과 붙이는 방식이 비슷하다. 차이점은 히브리어 모음부호는 자음의 아래 또는 좌측에 오지만 한글 모음은 자음 아래 또는 우측에 온다는 것이다.

히브리어 '샬롬'이라는 단어를 예로 들면.

위의 박스 안에 들어있는 글자가 모음 또는 모음부호이다. 히브리어 모음부호가 자음의 아래 또는 좌측에 위치하는 이유는 히브리어가 우측에서 좌측으로 읽기 때문이다. 반면에 우리말 모음이 자음의 우측 또는 아래에 위치하는 이유는 좌측에서 우측으로 읽기 때문이다.

이처럼 히브리어와 한글은 자음과 모음(부호)이 합쳐서 글자를 만드는 방식이 비슷하므로 한글의 자음을 이용해서 히브리어 모음부호를 읽는 연습을 하면 히브리어 읽기를 쉽게 배울 수 있다.

■히브리어 음절

히브리어는 자음과 모음부호가 결합하여 하나의 음절이 된다. 모음부호가 없는 자음은 독립된 음절이 아니므로 모음부호가 있는 앞 음절 또는 뒤 음절에 속하게 된다. 히브리어는 음절에 따라 발음과 액센트가 결정되기 때문에 음절의 수를 아는 게 중요하다. 히브리어로 '아브' (아버지)라는 단어와 '아하브'(사랑하다)라는 단어를 예로 들어보자.

'아브'(아버지)는 2개의 자음으로 되어있지만 '브'에 해당되는 자음에는 모음이 없으므로 독립된 음절이 아니다. 따라서 아브는 한 음절로 된 단어이며 뒤에 나오는 '브'는 약하게 발음한다.

'아하브'(사랑하다)는 3개의 자음으로 구성되어 있지만 '브'에 해당되는 마지막 자음에 모음이 없다. 따라서 아하브로 2음절로 발음되며 모음부호가 없는 마지막 글자 '브'는 약하게 발음한다.

히브리어 단어는 액센트가 있다. 히브리어의 액센트는 단어의 마지막 음절에 오는 게 규칙이지만, 액센트가 불규칙한 단어들도 있다(*일상에서 많이 사용되는 단어의 액센트가 불규칙하게 변한다). 아브는 한 음절의 단어이므로 액센트가 없고, 아하브는 두 번째 음절인 하브에 액센트가 온다.

■쉐와(:)

히브리어는 모음이 없는 글자가 단어의 끝에 올 때는 모음부호 없이 자음만 표기한다. 하지만 모음부호가 없는 글자가 단어의 처음이나 중간에 올 때에는 쉐와(:)를 모음부호 대신에 넣는다. 쉐와(:)는 음가가 없는 글자로 약한 (으)로 발음이 되며, 단어의 처음에 올 때는 약한 (에)로 발음한다. 쉐와(:)와 연계된 글자는 두 개가 합쳐 한 음절이 된다.

아브라함은 5개의 자음으로 구성된 단어이지만 발음을 할 때는 3음절로 발음하고 쉐와(:)가 있는 '브'와 모음부호가 없는 '므'는 발음이 없으므로 약한 '브'와 '므'가 되며 우리말로 음역할 때에는 작은 글자로 표기한다. 액센트는 마지막 음절인 '하므'에 있다.

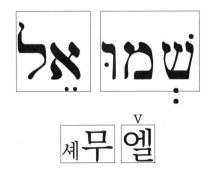

15

사무엘은 4개의 자음으로 구성된 단어이다. 하지만 쉐와(ː)가 있는 글자와 모음 부호가 없는 글자로 인해 2음절로 발음된다. 쉐와(ː)가 있는 글자가 단어의 맨 처음에 올 때는 약한 '으'가 아닌 약한 '에'로 발음하므로 슈무엘이 아니라 세무엘이 된다.

■한글을 이용한 히브리어 모음부호 읽기 연습

이 책에서는 한글 자음과 히브리어 모음부호를 결합해서 히브리어 모음부호 읽는 법을 연습할 것이다. 히브리어 모음부호는 읽기가 까다롭지만 다행인 것은 우리말과 히브리어의 자음과 모음의 결합 방식이 비슷하므로 우리말 자음에 히브리어 모음부호를 붙여서 읽는 연습을 하면 히브리어 모음부호를 쉽게 습득할 수 있다.

아브라함을 예로 들면.

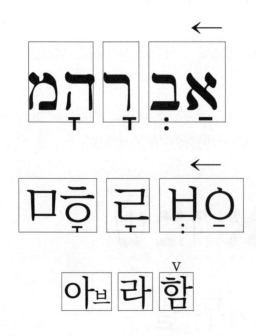

2
히브리어 모음 (아) (에) (이)

우리말 기본모음이 "아, 에, 이, 오, 우" 인 것처럼 히브리어 기본 모음도 "아, 에, 이, 오, 우" 이다. 히브리어 모음부호에는 장모음과 단모음이 있다. 먼저 히브리어 모음부호 (아) (에) (이)를 알아보자.

■(아) 발음이 나는 두 개의 모음부호

자음 밑에 (ㅜ) 또는 (ㅡ) 모음부호를 붙인다.

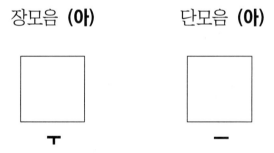

장모음 **(아)**　　　단모음 **(아)**

히브리어의 장모음 부호와 단모음 부호는 모양은 다르지만 읽을 때 발음을 구별하기가 쉽지 않다. 따라서 굳이 장모음 부호는 길고, 단모음 부호는 짧게 발음할 필요가 없다. 히브리어 장모음 부호와 단모음 부호는 발음하거나 표기할 때 똑같이 하면 된다.

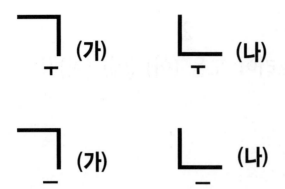

┐(가)   ┌(나)

┐(가)   └(나)

■(아) 모음부호가 있는 글자 읽기

히브리어 방식으로 오른쪽에서 왼쪽으로 읽고, 소리 내어 읽으라.
(*아래 단어들은 히브리어 발음 연습을 위한 것으로 단어의 의미는 없다)

(예문) 듬구←(가다)

① 르드   ② 즈으   ③ 스크

④ 츠므   ⑤ 드느   ⑥ 르스

⑦ 즈흐   ⑧ 투프   ⑨ 브으

①다라 ②아자 ③카사 ④마차 ⑤나다 ⑥사라 ⑦하자 ⑧파타 ⑨아바

■(에) 발음이 나는 두 개의 모음부호

자음 밑에 (··) 또는 (∵) 모음부호를 붙인다.

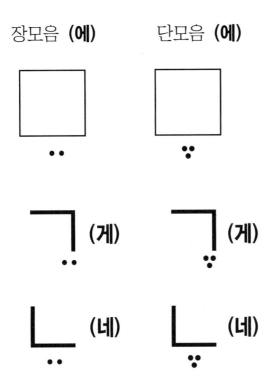

장모음 (에)   단모음 (에)

(게)   (게)

(네)   (네)

■(에) 모음부호가 있는 글자 읽기

히브리어 방식으로 오른쪽에서 왼쪽으로 소리 내어 읽으라.
(*아래 단어들은 히브리어 발음 연습을 위한 것으로 단어의 의미는 없다)

(예문) ← (게데)

19

① 르드 ② 즈으 ③ 스크

④ 츠므 ⑤ 드느 ⑥ 르스

⑦ 즈흐 ⑧ 트프 ⑨ 브으

①데레 ②에제 ③케세 ④메체 ⑤네데 ⑥세레 ⑦헤제 ⑧페테 ⑨에베

■(아)(에) 모음부호가 있는 글자 읽기

① 르드 ② 즈으 ③ 스크

④ 츠므 ⑤ 드느 ⑥ 르스

⑦ 즈흐 ⑧ 트프 ⑨ 브으

①데라 ②아제 ③케세 ④마체 ⑤나다 ⑥세라 ⑦헤자 ⑧파테 ⑨아베

■(이) 발음이 나는 하나의 모음부호

자음 밑에 (·) 모음부호를 붙인다.

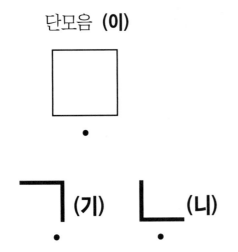

단모음 **(이)**

■(이)발음이 나는 글자 읽기 연습

(예문) ᄃᆞᄀᆞ (기디)

① ᄅᆞᄃᆞ ② ᄌᆞᄋᆞ ③ ᄉᆞᄏᆞ

①디리 ②이지 ③키시

■ (아) (에) (이) 모음부호가 있는 글자 읽기

① ㄹㄷㅇ ② ㅈㅇㅂ ③ ㅅㅋㅁ

④ ㅊㅁㅅ ⑤ ㄷㄴㄱ ⑥ ㄹㅅㅋ

⑦ ㅈㅎㅁ ⑧ ㅌㅍㄹ ⑨ ㅂㅇㅍ

①아데리 ②베이자 ③미카사 ④세미차 ⑤가네다 ⑥케시레 ⑦미하제
⑧라파테 ⑨피아비

3
히브리어 모음 (오) (우) (쉐와)

■(오)발음이 나는 두 개의 모음부호

자음 좌측 상단에 (˙) 또는 좌측 중앙에 (יֹ) 모음부호를 붙인다.

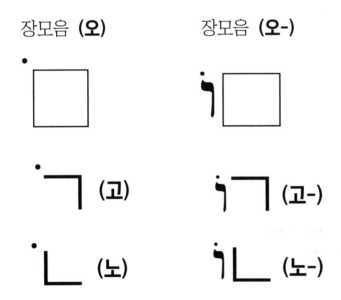

장모음 **(오)**　　　장모음 **(오-)**

(יֹ)는 모음부호가 아니라 자음이 모음처럼 사용된 것으로 길게 발음해야 하며, 우리말로 음역할 때에는 (오-)로 표기한다.

■특별한 경우의 단모음(오)

모음부호 ┬(아) 뒤에 무성음이 올 때는 (오)로 발음이 바뀐다. 대표적인 단어가 호크마(지혜)이다. 원래는 '하크마'인데 (하) 뒤에 무성음(목이 울리지 않는 소리)이 와서 '호크마'로 발음된다. 구약성경에서 히브리어의 단모음부호 (오)가 사용되는 경우는 몇 개 안 되므로 따로 공부하기보다는 나올 때마다 외우는 게 편리하다.

단모음 **(오)**

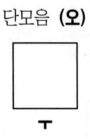

(예) 호크마(지혜)

24

■(오)발음이 나는 글자 읽기 연습

(예문) ﹁ㄷ ﹁ (고도-)

① ﹁ㄹㄷ ② ㅈㅇ ③ ㅅㅋ

④ ㅊㅁ ⑤ ﹁ㄷㄴ ⑥ ㄹㅅ

⑦ ㅈㅎ ⑧ ㅌㅛ ⑨ ㅐㅇ

①도로 ②오조 ③코-소 ④모-초 ⑤노도 ⑥소로 ⑦호-조 ⑧포-토 ⑨오보-

■(아)(에)(이)(오) 발음이 나는 글자 읽기

①ㄹㄷㅇ ②ㅈㅇㅂ ③ㅅㅋㅁ

④ㅊㅁㅅ ⑤ㄷㄴㄱ ⑥ㄹㅅㅋ

⑦ㅈㅎㅁ ⑧ㅌㅍㄹ ⑨ㅐㅇㅍ

①오-다레 ②비오제 ③마케시 ④세메초 ⑤가노-디 ⑥케소라 ⑦미하제
⑧라포티 ⑨파에보-

25

■(우)발음이 나는 두 개의 모음부호

자음 좌측에 모음인 (╕) 또는 하단에 모음부호 (∵)를 붙인다.
(╕)는 자음이 모음으로 사용된 것으로 길게 (우-)로 발음한다.

장모음 **(우-)**　　　단모음 **(우)**

■(우)발음이 나는 글자 읽기 연습

(예문) ╕ㄷ╕(구두-)

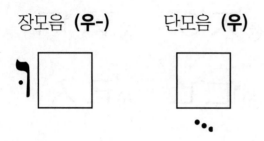

① 2ㄷ　② ╕ㅈㅇ　③ ╕ㅅ╕

④ ㅊ╕ㅁ　⑤ ╕ㄷㄴ　⑥ 2╕ㅅ

⑦ ╕ㅈㅎ　⑧ ㅌㅍ　⑨ ㅐㅇ

①두루 ②우주- ③쿠-수- ④무-추 ⑤누두- ⑥수-루 ⑦후주-
⑧푸-투 ⑨우부-

■(아)(에)(이)(오)(우) 발음이 나는 글자 읽기

① ② ③ ④ ⑤ ⑥ ⑦ ⑧

①우-키데라 ②네보-아주 ③피마코-세 ④타세무초 ⑤후-고나두
⑥체코-사루 ⑦시모-후-제 ⑧아루페티

■(쉐와)가 있는 글자

자음 밑에 쉐와(：)가 있는 모음부호로 붙인다
(쉐와에 대한 자세한 설명은 15쪽 참조)

약한(으)	약한(에)	약한(에)	약한(아)	약한(오)

*쉐와(：)가 단어의 맨 앞에 올 때는 약한(에)로 발음한다.

27

(예문) ꡉ (가드) ꡉ (게다)

① ② ③
④ ⑤ ⑥
⑦ ⑧ ⑨
⑩ ⑪ ⑫

①다르 ②에즈 ③쿠-스 ④메차 ⑤네두 ⑥사레 ⑦호조 ⑧페타
⑨아비 ⑩모가 ⑪데수 ⑫초크

■(아)(에)(이)(오)(우)모음과 쉐와가 있는 글자 읽기

*쉐와(ː)가 단어의 끝에 올 때는 생략한다.

*쉐와(ː)가 있는 글자는 연계된 글자와 합쳐서 한 음절을 이룬다.

*두 음절 이상의 단어에서 액센트는 마지막 음절에 오는 게 일반적이다.

① ② ③
④ ⑤

⑥ ㅋㅊㄷ ⑦ ㅎㅅㅎㅁ ⑧ ㅌㅍㄹㅇ

⑨ ㅋㅑㅌㅅㅁ ⑩ ㅎㄱㄸㅂㄹ

①카드라 ②타비드 ③길르아 ④체코나르 ⑤우메르존-
⑥데추크 ⑦마셰ㅎ ⑧오루페트 ⑨메사투-크 ⑩라브떼고-ㅎ

연습문제

다음 단어의 발음을 우리말로 기록하시오(답은 아랫부분에)

(*아래 단어들은 구약성경에서 실제 사용되는 히브리어 단어를 음역한 것으로 히브리어 모음기호 발음 연습과 더불어 히브리어 단어 공부에도 도움이 됨)

① 오̣오̣		⑨ 르숭으	
② 흐		⑩ 롣ㅋ	
③ 르로		⑪ 르므우	
④ 브		⑫ 르로	
⑤ 트으		⑬ ㄴ브	
⑥ ㄴ므		⑭ 으어	
⑦ 르로으		⑮ 흐우으후	
⑧ 르로으		⑯ ㅋ	

* 르로은 영어의 L발음이다

①우에(웨)(그리고) ②하(그:정관사) ③레르(~를 위하여:전치사) ④베(~안에:전치사)
⑤에트(~를:목적격조사) ⑥민(~로부터:전치사) ⑦알(~위에:전치사)
⑧엘(~에게:전치사) ⑨아셰르(관계대명사) ⑩콜(모든) ⑪아마르(말하다)
⑫르로(아니다not) ⑬벤(아들) ⑭키이(왜냐하면) ⑮하이 아흐(있다, 존재하다)
⑯케(~처럼:전치사)

30

⑰		㉗	
⑱		㉘	
⑲		㉙	
⑳		㉚	
㉑		㉛	
㉒		㉜	
㉓		㉝	
㉔		㉞	
㉕		㉟	
㉖		㊱	

⑰ 아사흐(만들다) ⑱ 엘로히임(하나님) ⑲ 보-(오다) ⑳ 멜레크(왕)

㉑ 에레쯔(땅) ㉒ 이옴-(날/낮) ㉓ 이이쉬(남자/남편) ㉔ 파니임(얼굴)

㉕ 바이이트(집) ㉖ 나탄(주다) ㉗ 암(백성) ㉘ 이아드(손) ㉙ 할라크(걷다)

㉚ 다바르(말씀) ㉛ 후-(그/he) ㉜ 라아흐(보다) ㉝ 아드(~까지:전치사)

㉞ 아브(아버지) ㉟ 제흐(이것:지시대명사) ㊱ 샤마(듣다)

㊲ ㄹㅂㄷ		㊼ ㄷㅇㅇ	
㊳ ㅂㅅㅎㅇㅇ		㊽ ㄴㅇㅇ	
㊴ ㄹㅇㅇ		㊾ ㅎㄹㄹㅇ	
㊵ ㅉㅇㅇ		㊿ ㅌㅇ	
㊶ ㅂㅣㅅㅎ		(51) ㅎㄴㅅㅎ	
㊷ ㅁㅇ		(52) ㅇㄴㅇ	
㊸ ㅎㄴㅎ		(53) ㅁㅅㅎ	
㊹ ㅁㅇ		(54) ㅂㄹㄹ	
㊺ ㄷㅎㅇ		(55) ㅎㄹㄹㅅㅎ	
㊻ ㅎㄲㄹㄹ		(56) ㅌㅣㅁ	

㊲다 바르(말하다) ㊳이아 샤브(앉다) ㊴이이르(성/도시) ㊵이아 짜(나가다)
㊶슈-브(돌아오다) ㊷임(만일) ㊸히 네흐(자, 보라:감탄사) ㊹임(~옆에/전치사)
㊺에 하드(하나one) ㊻ㄹ라 까흐(받다) ㊼이아 다(알다) ㊽아 인(눈eye)
㊾알 라흐(올라가다) ㊿에트(~함께) (51)샤 나흐(연year) (52)아니이(나)
(53)셈(이름) (54)레브(마음) (55)샬 라흐(보내다) (56)무-트(죽다)

(57) ㅁ수ㅎ		(67) ㅎ투으	
(58) ㄹㄹ크우		(68) ㅎ르ㄹ오	
(59) ㄷ브오		(69) ㄴ크	
(60) ㄴ오으		(70) 루쿠	
(61) ㅎ수ㅎ오		(71) ㄹㄹ으	
(62) ㄴㅣㄷ우		(72) ㅇ르흐으	
(63) ㅁ그		(73) ㅋ르드	
(64) ㅁ오느ㅅㅎ		(74) 흐	
(65) ㅅㅎ프누		(75) 수누	
(66) ㄴ흐ㅋ		(76) 수무	

(57)샴(거기there) (58)아 칼(먹다) (59)에 베드(종/노예) 아 인(~가 없다)
(61)이 샤흐(여자/아내) (62)아 돈-(주인) (63)감(또한) (64)셰나 임(둘)
(65)네 페쉬(혼) (66)코헨(제사장) (67)아타흐(너:2인칭단수) (68)엘 레흐(이것들)
(69)켄(그래서) (70)카라(부르다) (71)알(아니다not) (72)아하레이(후에/뒤에)
(73)데 레크(길) (74)하(의문사) (75)나사(들어올리다) (76)마사(짐)

⑦ ㅁᅵㄲ		㉗ ㅇᅵㄱ	
⑱ ㅅᅳㄹㅗㅅᅳ		㉘ ㅁㅎᅳ	
⑲ ㅌㅈ		㉙ ㄹㅎᅳ	
⑳ ㅅᅳㄹ		㉚ ㄹㅂㅇᅮ	
㉑ ㅁㅇᅵㅅᅵ		㉛ ㅁㄷㅇᅮ	
㉒ ㅌㅂᅵ		㉜ ㅂᅵㄸ	
㉓ ㅎㅇㅁᅮ		㉝ ㄹㅇᅵㄷㄱ	
㉔ ㅁㅇㅁᅮ		㉞ ㄷㅁㅇᅮ	
㉕ ㅎㅋᅵ		㉟ ㅌㅎᅵㅌᅳ	
㉖ ㅎㅁᅮ		㊱ ㅅᅳㅁㅎᅵ	

⑦꿈-(일어나다) ⑱샬로쉬(셋/3) ⑲조트(이것:지시대명사) ⑳로쉬(머리)
㉑시임(놓다/두다) ㉒바트(딸) ㉓메아흐(백/100) ㉔마임(물)
㉕코흐(여기here) ㉖마흐(무엇:의문사) ㉗고-이(백성) ㉘헴(그들:인칭대명사)
㉙하르(산) ㉚아바르(지나가다) ㉛아담(사람) ㉜또-브(좋은) ㉝가돌-(큰)
㉞아마드(서있다) ㉟타 핱트(~아래에:전치사) ㊱하메쉬(다섯/5)

⑨⑦ (글자)		⑩⑦ (글자)	
⑨⑧ (글자)		⑩⑧ (글자)	
⑨⑨ (글자)		⑩⑨ (글자)	
⑩⑩ (글자)		⑪⑩ (글자)	
⑩① (글자)		⑪① (글자)	
⑩② (글자)		⑪② (글자)	
⑩③ (글자)		⑪③ (글자)	
⑩④ (글자)		⑪④ (글자)	
⑩⑤ (글자)		⑪⑤ (글자)	
⑩⑥ (글자)		⑪⑥ (글자)	

⑨⑦콜-(목소리) ⑨⑧나 카흐(치다/때리다) ⑨⑨이알 라드(낳다) ⑩⑩페흐(입)
⑩①엘 레프(천/1000) ⑩②짜우 아흐(명령하다) ⑩③에 세르(십/10) ⑩④히이(그녀)
⑩⑤오드(다시) ⑩⑥셰바(일곱/7) ⑩⑦짜바(군대) ⑩⑧꼬데쉬(거룩) ⑩⑨샤마르(지키다)
⑪⑩마짜(발견하다) ⑪①아르바(넷/4) ⑪②올 람(영원히) ⑪③나 팔(떨어지다)
⑪④아 타흐(지금) ⑪⑤미슈 파트(재판/의로움) ⑪⑥미이(누구:의문대명사)

⑰ 르스		㉗ 브흐즈	
⑱ 마음므승		㉘ 드르우으	
⑲ 브르		㉙ 허으인르	
⑳ 브르흐		㉚ 흐누브	
㉑ 느브		㉛ 스흐으	
㉒ 느		㉜ 므으느	
㉓ 프쓰크		㉝ 르으스흐	
㉔ 허으브즈므		㉞ 드그느	
㉕ 미끼므		㉟ 므드	
㉖ 므으		㊱ 으커느우	

⑰사르(통치자) ⑱샤 마임(하늘) ⑲라브(위대한) ⑳헬 레브(칼/검)

㉑베인(~사이에:전치사) ㉒나(확실히/강조부사) ㉓케 쎄프(은/돈)

㉔미즈 베 아흐(제단) ㉕마 꼼(장소) ㉖이암(바다) ㉗자 하브(금)

㉘이아 라드(내려가다) ㉙루 아흐(영) ㉚배 나흐(건설하다/짓다)

㉛에쉬(불) ㉜네움(발언/말) ㉝샤 아르(문) ㉞나 가드(설명하다)

㉟담(피) ㊱아 노 키이(나)

⑬ ㅎㅇㄹ		⑭ ㅣㅇ	
⑬ ㅋㅕㄹㄹㅁ		⑭ ㅋㅕㅌㅂ	
⑬ ㄹㄹㅎㅇ		⑭ ㅎㅁㅎㅕㄹㅁ	
⑭ ㅁㅎㅕㄹㄹ		⑮ ㄹㅇㅇ	
⑭ ㅂㅇㅂㅆ		⑮ ㅇㅂㄴ	
⑭ ㄹㄴㅇ		⑮ ㅎㄴㅇ	
⑭ ㅉㅇ		⑮ ㄹ	
⑭ ㅎㄷㅅ		⑮ ㅎㅎㅕㅍㅅㅎㅁ	
⑭ ㅋㄹㅂ		⑮ ㄷㄲㅍ	
⑭ ㅇㄹㄹㅋ		⑮ ㄷㅇㅁ	

⑬라 아흐(악) ⑱말 라크(왕이 되다) ⑲오 헬(장막) ⑭레 헴므(빵)
⑭싸 비이브(둘레) ⑭아 사르(열/10) ⑭에쯔(나무) ⑭사 데흐(들판)
⑭바 라크(복이 있다) ⑭켈리이(그릇) ⑭오-(또는) ⑭베토-크(~가운데)
⑭밀르 학 마흐(전쟁) ⑮이아 레(두려워하다) ⑮나 비이(선지자)
⑮아 나흐(대답하다) ⑮라(나쁜) ⑮미슈 파 학흐(가문) ⑮파 까드(방문하다)
⑯메오드(매우)

⑮⑦ 티띠히		⑯⑦ ㅅ흐드ㅎ	
⑮⑧ 르ㅣ쓰		⑯⑧ 흐우아흐	
⑮⑨ 티으		⑯⑨ ㅂ르ㄲ	
⑯⑩ ㄲ즈흐		⑰⑩ ㅍ으	
⑯⑪ 트르크		⑰⑪ ㄴㅂ으	
⑯⑫ 드브으		⑰⑫ ㄴ쯔	
⑯⑬ 트으르ㅂ		⑰⑬ ㅅ흐ㅅ흐	
⑯⑭ 흐르ㅗ아		⑰⑭ ㄴ으ㅁㄹ	
⑯⑮ ㅂ으아ㅇ		⑰⑮ 르스ㅂ	
⑯⑯ ㅁ트으		⑰⑯ 르ㅂ드ㅁ	

⑮⑦할 따트(속죄제) ⑮⑧쑤르(벗어나다) ⑮⑨에트(때/시간) ⑯⑩할 자끄(강하다)

⑯⑪카라트(자르다) ⑯⑫아 바드(받들어 섬기다) ⑯⑬베 리이트(언약)

⑯⑭올 라흐(번제) ⑯⑮오이 에브(적) ⑯⑯아 템(너/당신) ⑯⑦호 데쉬(달/월)

⑯⑧하이 아흐(살다/살아있다) ⑯⑨까 라브(다가가다) ⑰⑩아프(코/콧구멍)

⑰⑪에 벤(돌) ⑰⑫쫀(가축떼) ⑰⑬셰쉬(여섯/6) ⑰⑭레마 안(~하기위하여/전치사)

⑰⑮바 사르(육신/살flesh) ⑰⑯미드 바르(광야)

⑰ רשע		⑱ לין	
⑰ חי		⑱ לו	
⑲ מטה		⑱ מלש	
⑱ מלא		⑲ לכז	
⑱ גבול		⑲ השמ	
⑱ רגל		⑲ הרכיל	
⑱ אמה		⑲ ניו	
⑱ חסד		⑲ שרוע	
⑱ חיל		⑲ רז	
⑱ חטא		⑲ הבר	

⑰라샤(사악한) ⑰하이(살아있는) ⑰마테흐(지팡이) ⑱말레(가득차다)
⑱게불-(경계선) ⑱레겔(발) ⑱아마흐(규빗) ⑱헥쎄드(친절)
⑱하이일(힘) ⑱하따(과실을 범하다) ⑱나아르(소년) ⑱엘(하나님/신)
⑱샬롬(평화) ⑲자카르(기억하다) ⑲마아세흐(일/행위) ⑲라이을라흐(밤)
⑲아온-(악의) ⑲이아라쉬(상속받다) ⑲제라(씨) ⑲라바흐(많다)

⑲⑦ 바르크		⑳⑦ 흐투슿	
⑲⑧ 솅크브		⑳⑧ ㄷㄱㅂ	
⑲⑨ 브트크		⑳⑨ 흐투ㄴ	
⑳⑩ 드잎ㅁ		②⑩ 흐ㄴ혁ㅁ	
⑳⑪ 흐르ㅑㅌ		②⑪ ㅂㅈㅇ	
⑳⑫ 흐므두ㅇ		②⑫ ㄹㄲㅣㅂ	
⑳⑬ 흐르흑ㄴ		②⑬ 포쓰ㅇㅇ	
⑳⑭ ㅁㅇ		②⑭ ㅋㅇ롣ㅁ	
⑳⑮ ㄴㅋ		②⑮ ㄹㄹ쯘ㄴ	
⑳⑯ ㅂㅎㅇ		②⑯ ㅂㅋ슿	

⑲⑦케ˇ레브(중심부) ⑲⑧바 카쉬ˇ(추구하다) ⑲⑨카ˇ타브(쓰다/기록하다)
⑳⑩모 에드(만남) ⑳⑪토ˇ라흐(가르침/율법) ⑳⑫아다 마흐(지면/흙)
⑳⑬나할 라흐(소유/재산) ⑳⑭엠(어머니) ⑳⑮쿤-(세우다) ⑳⑯아하브(사랑하다)
⑳⑦샤타흐(마시다) ⑳⑧베 게드(옷) ⑳⑨나타흐(펼치다) ②⑩마할 네흐ˇ(군대)
②⑪아 자브(떠나다) ②⑫보 께르(아침) ②⑬이아 싸프(더하다)
②⑭말르 아크ˇ(사신/천사) ②⑮나 짤(구출하다) ②⑯샤 카브ˇ(눕다)

㉑ ㅎㅎㅕㄴㅁ		㉗ ㄹㅗㅋㅇㅇ	
㉘ ㅎㄹㅗㅋ		㉘ ㄴㅁㅅㅎ	
㉙ ㄲㅇㄷㅉ		㉙ ㄹㅉㅎ	
㉒ ㅅㅎㅇ		㉚ ㄹㅍㅆ	
㉑ ㅌㅍㅅㅎ		㉛ ㅎㅁㅎㅂ	
㉒ ㄴㅣㄹㅇ		㉜ ㄸㅂㅅㅎ	
㉓ ㅍㅆㅇ		㉝ ㄴㅈㅇ	
㉔ ㄷㅔㅂㅋ		㉞ ㅇㄹ	
㉕ ㅁㅕㄹ		㉟ ㅎㄹㅗㄱ	
㉖ ㅍㅋ		㊱ ㅂㅅㅎ	

㉑미느핳흐(헌물/소제) ㉘칼 라흐(끝나다) ㉙짜 디이끄(의로운)
㉒이아샤(구원하다) ㉑샤파트(재판하다) ㉒아론-(궤/상자) ㉓아 싸프(모이다)
㉔카 보-드(영광) ㉕룸-(높다) ㉖카프(손바닥) ㉑이아콜(할 수 있다)
㉘세 멘(기름) ㉙하쩨르(뜰) ㉚쩨페르(책/두루마리) ㉛베헤 마흐(짐승)
㉜세 베드(지팡이) ㉝오 젠(귀) ㉞레아(친구/동료) ㉟갈 라흐(드러내다)
㊱샤바(맹세하다)

41

㉛ ㄷㅂㅇ		㉘ ㄹㄹㅇㅇㅇ	
㉘ ㅎㅇㅇㅉㅁ		㉘ ㄴㅇㅂ	
㉙ ㄹㄲㅂ		㉙ ㅁㅎㅕㄹㄹ	
㉚ ㄴㅅㅎㄹ		㉚ ㅎㄷㅇ	
㉛ ㄴㄲㅈ		㉛ ㅅㅎㄷㄲ	
㉜ ㅎㅁㄹㄹ		㉜ ㄹㅣㄷ	
㉝ ㅎㅍㅅ		㉝ ㄱㄹㅎ	
㉞ ㄹㄹㅇㅅㅎ		㉞ ㅎㅋㄹㄹㅁ	
㉟ ㅎㅇㅇㅎㅎ		㊱ ㅎㅇㄹ	
㊱ ㄹㅎㅕㅂ		㊲ ㄹㅎㅕㅇ	

㉛아 바드(멸망하다) ㉘미쯔 우아흐(계명) ㉙바 까르(가축) ㉚리 숀(첫번째)

㉛자 껜(늙은) ㉜라 마흐(왜why) ㉝사 파흐(입술) ㉞샤 알(묻다)

㉟학 우아흐(절하다/경배하다) ㊱바 할르(선택하다) ㊲아이 일(숫양)

㊳비 인(이해하다) ㊴라 할므(싸우다) ㊵에 다흐(회중) ㊶까 다쉬(거룩하다)

㊷도-르(세대) ㊸하 라그(죽이다) ㊹멜라 카흐(일/사역)

㊺라 아흐(양떼를 치다) ㊻아 헬르(다른)

㉕⑦ ㅅㅎㄹㄷ		㉖⑦ ㅆㅣㄴ	
㉕⑧ ㅉㅓㅎ		㉖⑧ ㅎㄲㄷㅉ	
㉕⑨ ㅎㅌㅍ		㉖⑨ ㅎㅁㅅ	
㉖⓪ ㅂㅂㅆ		㉖⑩ ㅇㄴㅅㅎ	
㉖① ㅎㅂㅈ		㉖⑪ ㅎㅁㅋㅎ	
㉖② ㅁㄸ		㉖⑫ ㅎㅆㅋ	
㉖③ ㅋㅇ		㉖⑬ ㅌㅇㅇㅁ	
㉖④ ㄹㅋㅇㅂ		㉖⑭ ㄴㅍㅉ	
㉖⑤ ㄷㅂㄹ		㉖⑮ ㅌㅎㅅㅎ	
㉖⑥ ㄹㅣㅂㄴ		㉖⑯ ㄷㄱㄴ	

㉕⑦다 라쉬(조사하다) ㉕⑧후-ㅉ(밖) ㉕⑨페 타흐(입구) ㉖⓪싸 바브(방향을 바꾸다)
㉖①제 바흐(제사) ㉖②따 메(부정해지다) ㉖③아크(오직) ㉖④바 알(주인)
㉖⑤레바드(홀로) ㉖⑥기 보-르(강한/용감한) ㉖⑦누-쓰(도망가다)
㉖⑧쩨다 까흐(의/정의) ㉖⑨사 마흐(기뻐하다) ㉖⑩셰 니이(두 번째)
㉖⑪호크 마흐(지혜) ㉖⑫카 싸흐(덮다) ㉖⑬마 우에트(죽음) ㉖⑭짜 폰-(북쪽)
㉖⑮샤 핫트(파멸시키다) ㉖⑯네 게드(~의 반대편에)

43

㉗ 그ㄴ		㉘ 스	
㉘ 브ㄹ		㉘ 즈ㅇ	
㉘ 느ㅅ		㉘ 느ㅇㅇㅇㅇ	
㉘ 르ㅂㅅ		㉚ ㄴㅇㅁㅇㅇ	
㉛ ㅎㄴㅁㅅ		㉛ ㅁㅇㅇㅇㅎ	
㉜ 러러흐		㉜ 러ㅇㅁ	
㉝ 쓰ㄴ		㉝ ㅎㅇㄴ	
㉞ ㅎㄷㅂㅇ		㉞ ㄴ쿠ㅅㅁ	
㉟ ㅍㄷ르		㉟ ㅌㅅ흐ㄴ	
㊱ ㅎㄴㅎ		㊱ ㅁ쿠ㅎ	

㉗나 가(닿다/만지다) ㉘로브(많음) ㉙사 네(미워하다) ㉚샤 바르(깨뜨리다)
㉛세모 네흐(여덟/8) ㉜할 랄(찬양하다) ㉝나 싸(출발하다) ㉞아보 다흐(일)
㉟라 다프(추격하다) ㊱하 나흐(진을 치다) ㊲세(관계대명사)
㊳아즈(그래서:접속사) ㊴이아이 인(포도주) ㊵이아 미인(오른손/남쪽)
㊶학이 이임(생명) ㊷마 알(위를 향해) ㊸누 아흑(안식하다) ㊹미슈 칸(성막)
㊺네훅 셰트(구리) ㊻학 캄(지혜로운)

㉗ 스으ᴼᴼ		㉚ 러허ᄂ	
㉘ 쓰ᅵ쓰		㉚ 허트푸	

㉗이에쉬(~가 있다) ㉘쑤-쓰(말horse) ㉙나͏할를(하천) ㉚파͏타흑(열다)

2장
히브리어
알파벳
읽기/쓰기

4
히브리어 알파벳의 형태

히브리어 알파벳은 23개의 글자로 구성되어 있다.

① אlph ② בbet ③ גgimel ④ דdalet ⑤ הhe ⑥ וwaw ⑦ זzain ⑧ חheth
알렙　　베트　　김멜　　달렛　　헤　　와우　　자인　　헥뜨

⑨ טteth ⑩ יyod ⑪ כkaph ⑫ לlamed ⑬ מmem ⑭ נnun ⑮ סsamek ⑯ עain
떼뜨　　요드　　카프　ㄹ라메드　멤　　눈　　싸멕　　아인

⑰ פphe ⑱ צtsade ⑲ קqoph ⑳ רresh ㉑ שshin ㉒ שsin ㉓ תtaw
페　　짜데　　꼬프　　레쉬　　쉰　　신　　타우

헬라어 알파벳을 외울 때는 5개씩 나눠서 외우면 쉽다. 먼저 우리말로 헬라어 알파벳의 소리를 외운 다음 헬라어 쓰기를 연습하는 게 좋다.
아래 헬라어 알파벳을 익숙해질 때까지 소리 내어 반복하라.

① 알렙　베트　김멜　달렛　헤

② 와우　자인　헥뜨　떼뜨　요드

③ 카프　ㄹ라메드　멤　눈　싸멕

④ 아인　페　짜데　꼬프　레쉬

⑤ 쉰　신　타우

5
(알렙)(베트)(김멜)(달렛)(헤)

(알렙)

■ 인쇄체

■ 쓰는법

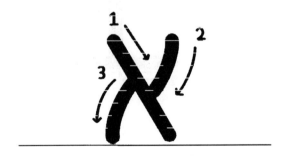

*손가락으로 글자 위에 여러 번 써 보세요

(베트)

■ 인쇄체

■ 쓰는법

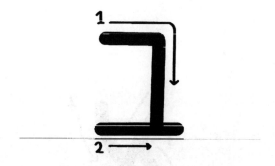

*손가락으로 글자 위에 여러 번 써 보세요

(김멜)

■ 인쇄체

■ 쓰는법

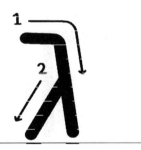

*손가락으로 글자 위에 여러 번 써 보세요

51

(달렛)

■ 인쇄체

■ 쓰는법

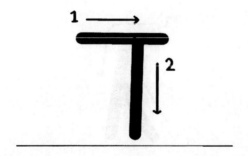

*손가락으로 글자 위에 여러 번 써 보세요

(헤)

■ 인쇄체

■ 쓰는법

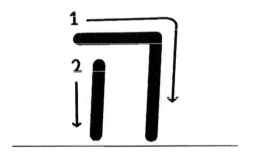

*손가락으로 글자 위에 여러 번 써 보세요

■자음 읽기

(알렙) (베트) (김멜) (달렛) (헤)의 음가는 다음과 같다.

알파벳	음가
א(알렙)	(ㅎ)
ב(베트)	ㅂ
ג(김멜)	ㄱ
ד(달렛)	ㄷ
ה(헤)	ㅎ

⇨א(알렙)은 소리가 없는 무음으로 알려졌지만, 사실은 그렇지 않다. 세상에는 소리가 없는 글자는 없다. 히브리어 א(알렙)은 목을 조이면서 내는 짧고 약한 숨소리이기에 소리가 없는 것처럼 보일 뿐이다. 이 책에서는 א의 음가를 크기를 작게 한 (ㅎ)로 표기하였다. 알렙을 읽을 때는 짧게 쉬고 간다는 느낌으로 목에서만 짧고 약한 (ㅎ) 소리를 내고 지나가면 된다. 목에서만 나고 입 밖으로는 나오지 않는 소리이다.

(예) בְּרֵאשִׁית(태초에) 베레(ㅎ)쉬이트

■ 읽기 연습

↪ 아래 단어들은 실제 히브리어가 아니라 발음 연습을 위해 임의로 만든 것이다.

↪ בּ גּ דּ은 단어의 처음이나 쉐와(ְ) 다음에 올 때는 글자 중심에 점이 있는데
  이것을 (경강점)이라 부르며 된소리로 분명하게 발음하라는 표시이다.

↪ (경강점)이 있는 글자는 쉐와(ְ)가 오더라도 약하게 발음하지 않고 정상대로 한다.

↪ א 아래에 오는 쉐와(ְ)는 생략한다.

*아래 글자들은 실제 히브리어 단어가 아니라 발음 연습을 위해 임의로 만든 것임

① אַבָּ	(ㅎ)아 바	⑩ אַגְבֹ	(ㅎ)오 가브
② אַבָ	(ㅎ)아브	⑪ בְּאָה	베(ㅎ)아ㅎ
③ אַבְדֹ	(ㅎ)아 비 도	⑫ בְּאוּד	비(ㅎ)우-드
④ אַבֶּגֹ	(ㅎ)아 베그	⑬ בְּאַגֹב	보(ㅎ)가브
⑤ אַגֶהֹ	(ㅎ)가 헤	⑭ בְּדוֹה	베 도-ㅎ
⑥ אֲבֹה	(ㅎ)이 보ㅎ	⑮ בְּגַדְהֹ	보그 다헤
⑦ אֶדְגֹו	(ㅎ)에드 고-	⑯ בֶּהַגוּד	베하 구-드
⑧ אֵהֻוד	(ㅎ)에 후-드	⑰ בּוּבְדֹה	보-배 디ㅎ
⑨ אֶבֹהָ	(ㅎ)에보 후	⑱ גֶּא	게(ㅎ)

55

⑲ גֵּאָה 가(ㅎ)우ㅎ	㉗ דְּאָגָה 데(ㅎ)아고ㅎ
⑳ גֵּאֶיָא 게(ㅎ)우(ㅎ)에	㉘ דֹּב 도ㅂ
㉑ גַּאֲבָה 가(ㅎ)아바ㅎ	㉙ הָא 헤(ㅎ)
㉒ גִּדְאוֹב 기드(ㅎ)오-ㅂ	㉚ הַבְהֵב 히ㅂ하ㅂ
㉓ דָּא 다(ㅎ)	㉛ הֵבֹד 헤보ㄷ
㉔ דָּאֶב 다(ㅎ)에ㅂ	㉜ הָאֵגוֹ 헤(ㅎ)아고-
㉕ דְּאֵגֹד 데(ㅎ)으고ㄷ	㉝ הוּבְדָא 후-비데(ㅎ)
㉖ דְּגֹבָא 도게부(ㅎ)	㉞ הֻגוֹאֶהָ 후고-(ㅎ)아헤

56

연습문제(1)

다음 단어의 발음을 기록하시오(답은 앞 페이지에)

(*아래 글자들은 실제 히브리어 단어가 아니라 발음 연습을 위해 임의로 만든 것임)

① אָבָ		⑪ בָּאָה	
② אַב		⑫ בִּאוּד	
③ אָבַד		⑬ בָּאגַב	
④ אַבֵג		⑭ בְּדוּה	
⑤ אַגֵהֵ		⑮ בִּגְדָה	
⑥ אִבֹה		⑯ בֵּהַגוּד	
⑦ אֶדְגוֹ		⑰ בּוּבְדָה	
⑧ אֱהוּד		⑱ גֵּא	
⑨ אֲבָה		⑲ גָּאָה	
⑩ אַגֹב		⑳ גָּאוּא	

21 גַּאֲבָה		28 דֹּב	
22 גְּדְאוֹב		29 הֶאָ	
23 דְּאָ		30 הֶבְהַב	
24 דְּאָב		31 הֶבֹד	
25 דְּאָגָד		32 הֶאֲגוֹ	
26 דְּגְבָא		33 הוּבְדְאָ	
27 דְּאַגָה		34 הֲגוֹאֲהֶ	

연습문제(2)

다음 우리말을 히브리어로 바꾸시오(답은 아래에)

(히브리어를 쓸 때에는 모음기호 없이 자음만 표기하면 됨)

① (ㅎ)아바		⑪ 베(ㅎ)아ㅎ	
② (ㅎ)아브		⑫ 비(ㅎ)우-드	
③ (ㅎ)아비도		⑬ 보(ㅎ)가브	
④ (ㅎ)아베ㄱ		⑭ 베도-ㅎ	
⑤ (ㅎ)가헤		⑮ 보ㄱ다헤	
⑥ (ㅎ)이보ㅎ		⑯ 베하구-드	
⑦ (ㅎ)에드고-		⑰ 보-배디ㅎ	
⑧ (ㅎ)에후-드		⑱ 게(ㅎ)	
⑨ (ㅎ)에ㅂ후ㅎ		⑲ 가(ㅎ)우ㅎ	
⑩ (ㅎ)오가브		⑳ 게(ㅎ)우-(ㅎ)에	

①אבא ②אבּ אבֿ ③אבֿד ④אבֿג ⑤אגה ⑥אבֿה ⑦אדגו
⑧אהוד בדוה ⑨אבֿה ⑩אגבֿ ⑪באה ⑫באוד ⑬באגבֿ ⑭בדוה
⑮בגדה ⑯בהגוד ⑰בובדה ⑱גא ⑲גאה ⑳גאואה

59

㉑ 가(ㅎ)아바̌ㅎ		㉘ 도ㅂ	
㉒ 기ㄷ(ㅎ)오̌-ㅂ		㉙ 헤(ㅎ)	
㉓ 다(ㅎ)		㉚ 히ㅂ하̌ㅂ	
㉔ 다(ㅎ)에̌ㅂ		㉛ 하보̌ㄷ	
㉕ 데(ㅎ)에고̌ㄷ		㉜ 헤(ㅎ)아̌고-	
㉖ 도게부(ㅎ)		㉝ 후-비데̌(ㅎ)	
㉗ 데(ㅎ)아고̌ㅎ		㉞ 후고-(ㅎ)아̌헤	

㉑דאגה ㉗דגבא ㉖דאגד דאב ㉕דאגד ㉔גדאוב גאבה ㉒דא ㉓

㉘הגואה ㉞הובדא ㉝האגו ㉜האנגו ㉛הבד הבהב ㉚הבד ㉙הא דב

6
(와우)(자인)(헬뜨)(떼뜨)(요드)

(와우)

■ 인쇄체

■ 쓰는법

*손가락으로 글자 위에 여러 번 써 보세요

(자인)

■ 인쇄체

■ 쓰는법

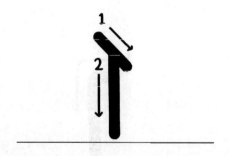

*손가락으로 글자 위에 여러 번 써 보세요

(헤뜨)

■ 인쇄체

■ 쓰는법

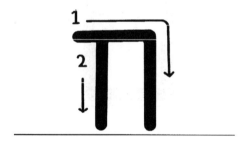

*손가락으로 글자 위에 여러 번 써 보세요

(떼뜨)

■ 인쇄체

■ 쓰는법

*손가락으로 글자 위에 여러 번 써 보세요

(요드)

■ 인쇄체

■ 쓰는법

---

*손가락으로 글자 위에 여러 번 써 보세요

■자음 읽기

(와우) (자인) (헤뜨) (떼뜨) (요드)의 음가는 다음과 같다.

알파벳	음가
ו(와우)	우
ז(자인)	ㅈ
ח(헤뜨)	ㅎㅋ
ט(떼뜨)	ㄸ
י(요드)	이

⇨ו(와우)는 현대 히브리어에서는 (바브)로 발음하고 영어 (v)의 음가를 갖지만, 성경 히브리어에서는 (와우)로 발음하고 약한 (우)의 음가를 가지며, 모음부호와 함께 이중모음의 형태를 띤다.

(예) וַ 우+아 = 와 וֶ 우+에 = 웨 וִ 우+이 = 위

⇨ז(자인)은 우리말로 (ㅈ)발음이며 영어로는 (z)발음이다.

⇨ה(헤)가 입에서 나는 (흐)소리라면 ח(헤뜨)는 목에서 내는 강한 (흐)이다.

⇨ט(떼뜨)는 혀를 입천장에 붙였다 떼면서 내는 소리이다.

⇨י(요드)는 약한 (이)의 음가를 가지며, 연계되는 모음부호와 함께 이중모음의 형태를 띤다.

(예) ִ□י 이+이 = 이이 ֵ□י 에+이 = 에이 יָ 이+아 = 야 יוֹ 이+오- = 요-

■ 읽기 연습

*아래 단어들은 실제 히브리어가 아니라 발음 연습을 위해 임의로 만든 것임.

① זְאֵב	자(ㅎ)에브	⑩ חָבָה	학바ㅎ	
② זֶבֹד	제보드	⑪ חֲבִיָה	학배야ㅎ	
③ זַבְדִי	자브디이	⑫ חַגִיד	학기이드	
④ זֵגוּט	자구-뜨	⑬ חֲגִיָה	학기야ㅎ	
⑤ זְבַדְיָה	제바드야ㅎ	⑭ חוּט	혹-뜨	
⑥ זֶבַח	제바흑	⑮ חָוָה	학와흐	
⑦ זְבִינָא	제비이나(ㅎ)	⑯ חַוִי	힉위이	
⑧ זִיזָא	지이제(ㅎ)	⑰ טָאֵב	떼(ㅎ)에브	
⑨ חַב	혹브	⑱ טָבַח	떼바흑	

67

⑲ טִבְחָה	띠브학ㅎ		㉗ יָאַדִי	야(ㅎ)이디이
⑳ טִבְהֲדָה	따호다ㅎ		㉘ יִבְחַט	이이브학뜨
㉑ טוֹא	뚜-(ㅎ)		㉙ יְדִיד	예디이드
㉒ טוֹב	또-브		㉚ יוֹיָזִיב	요-야지이브
㉓ טוֹבִיָה	또-비야ㅎ		㉛ יוּדִי	유-디이
㉔ טָוָב	따와브		㉜ יְגַטָה	유가또ㅎ
㉕ יָאַב	야(ㅎ)아브		㉝ וַיְדִיבוּ	와야디이부-
㉖ יָאֲזִיָה	야(ㅎ)애자야ㅎ		㉞ וַאֲבָה	웨(ㅎ)아베ㅎ

연습문제(1)

다음 단어의 발음을 기록하시오(답은 앞 페이지에)

(*아래 글자들은 실제 히브리어 단어가 아니라 발음 연습을 위해 임의로 만든 것임)

① זָאֵב		⑩ חָבָה	
② זֶבֶד		⑪ חֲבִיָּה	
③ זִבְדִי		⑫ חַגִּיד	
④ זָגוּט		⑬ חַגִּיָּה	
⑤ זְבַדְיָה		⑭ חוּט	
⑥ זֶבַח		⑮ חָוָה	
⑦ זְבִינָא		⑯ חֲוִי	
⑧ זִיזָא		⑰ טָאֵב	
⑨ חֹב		⑱ טֶבַח	

69

	⑲ טִבְחָה		㉗ יָאְדִי
	⑳ טֶהֱדָה		㉘ יְבְחַט
	㉑ טוּא		㉙ יְדִיד
	㉒ טוֹב		㉚ יוֹיָזִיב
	㉓ טוֹבִיָה		㉛ יוּדִי
	㉔ טָוָב		㉜ יְגַטֹה
	㉕ יָאַב		㉝ וַיָדִיבוּ
	㉖ יָאֲזִיָה		㉞ וְאַבֶּה

연습문제(2)

다음 우리말을 히브리어로 바꾸시오(답은 아래에)

(히브리어를 쓸 때에는 모음기호 없이 자음만 표기하면 됨)

① 자ㅎ에브		⑩ 학바ㅎ	
② 제보드		⑪ 학배야ㅎ	
③ 자브디이		⑫ 학기이드	
④ 자구-뜨		⑬ 학기야ㅎ	
⑤ 제바드야ㅎ		⑭ 훅-뜨	
⑥ 제바ㅎ		⑮ 학와ㅎ	
⑦ 제비이나(ㅎ)		⑯ 힉위이	
⑧ 지이제(ㅎ)		⑰ 떼(ㅎ)에브	
⑨ 혹브		⑱ 떼바ㅎ	

①זאב ②זבד ③זבדי ④זגוש ⑤זבדיה ⑥זבח ⑦זבינא
⑧זיזא ⑨חב ⑩חבא ⑪חביה ⑫חגיד ⑬חגיה ⑭חוט
⑮חוה ⑯חוי ⑰טאבה ⑱טבח

⑲ 띠브 학흐		㉗ 야(ㅎ) 이 디이	
⑳ 따호 다흐		㉘ 이이브 학뜨	
㉑ 뚜-(ㅎ)		㉙ 예 디이드	
㉒ 또-브		㉚ 요- 야 지이브	
㉓ 또- 비 야흐		㉛ 유- 디이	
㉔ 따 와브		㉜ 유 가 또흐	
㉕ 야(ㅎ) 아브		㉝ 와 야 다이 부-	
㉖ 야(ㅎ)아 자 야흐		㉞ 웨(ㅎ) 아 베흐	

⑲ טבחה ⑳ טהדדה ㉑ טוא ㉒ טוב ㉓ טוביה ㉔ טוב ㉕ יאב
㉖ יאזיה ㉗ יאדי ㉘ יבחט ㉙ ידיד ㉚ יויזיב ㉛ יודי ㉜ יגטה
㉝ וידיבו ㉞ ואבה

7
(카프) (라메드) (멤) (눈) (싸멕)

(카프)

■ 인쇄체   (어미형)

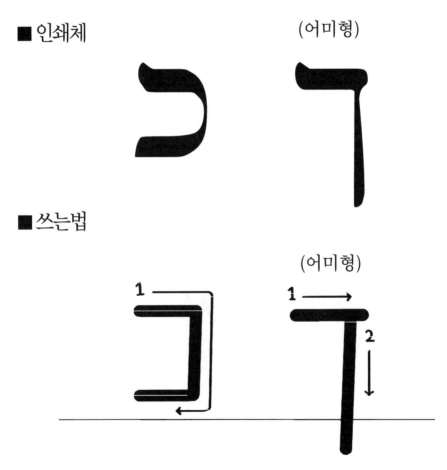

■ 쓰는법

(어미형)

*손가락으로 글자 위에 여러 번 써 보세요

(라메드)

■ 인쇄체

■ 쓰는법

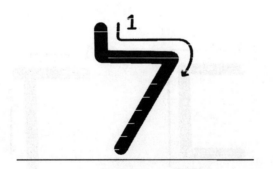

*손가락으로 글자 위에 여러 번 써 보세요

(멤)

■ 인쇄체

(어미형)

■ 쓰는법

(어미형)

 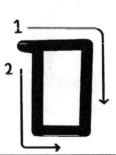

*손가락으로 글자 위에 여러 번 써 보세요

(눈)

■ 인쇄체

(어미형)

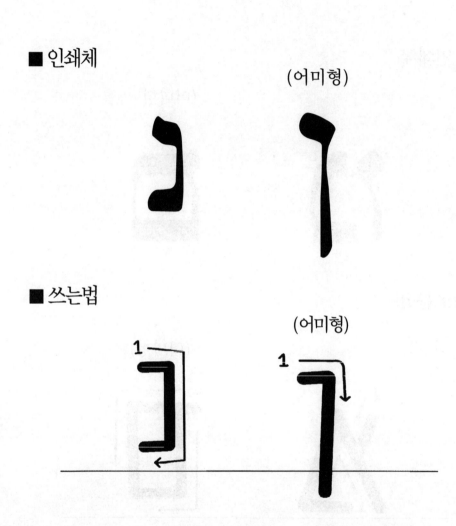

■ 쓰는법

(어미형)

*손가락으로 글자 위에 여러 번 써 보세요

76

(싸멕)

■ 인쇄체

■ 쓰는법

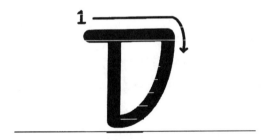

*손가락으로 글자 위에 여러 번 써 보세요

■자음 읽기

(카프) (라메드) (멤) (눈) (싸멕)의 음가는 다음과 같다.

알파벳	음가
כ(ך) (카프)	ㅋ
ל (라메드)	ㄹㄹ
מ(ם) (멤)	ㅁ
נ(ן) (눈)	ㄴ
ס (싸멕)	ㅆ

⇨ כ(카프)는 단어의 끝에 올 때는 ך로 쓰며 음가는 (ㅋ)이다.

　כ(카프)는 단어의 처음에 올 때는 경강점이 있는 כּ로 쓴다.

⇨ ל(라메드)의 음가는 혀를 입천장 앞부분에 붙였다가 떼면서 내는 (ㄹㄹ)발음으로 영어의 (L)과 같다.

⇨ מ(멤)은 단어의 끝에 올 때는 ם로 쓰며 음가는 (ㅁ)이다.

⇨ נ(눈)은 단어의 끝에 올 때는 ן로 쓰며 음가는 (ㄴ)이다.

⇨ ס(싸멕)의 음가는 (ㅆ)이다.

■ 읽기 연습

*아래 단어들은 실제 히브리어가 아니라 발음 연습을 위해 임의로 만든 것임

① כְּאָב	카(ㅎ)아브		⑩ לְאֻמִים	르레(ㅎ)우 미임
② כָּבְדָה	코브다ㅎ		⑪ לְבוּנָה	르래부-나ㅎ
③ כְּבוּל	카불-		⑫ לִבְנֵי	르리브네이
④ כְּבוֹן	카본-		⑬ לָחַט	르라학뜨
⑤ כְּדֵס	케다쓰		⑭ לוֹטֶן	르로-딴
⑥ כּוֹלֵב	콜-레브		⑮ לְוִיָה	르리우의 야ㅎ
⑦ כִּלְיוֹן	킬라이온-		⑯ לְוִיִי	르레위이 이이
⑧ כֻּלֶם	쿨렘		⑰ לְחֶמֶס	르라흑메쓰
⑨ לְאֹל	르라(ㅎ)올		⑱ לֵילְיָה	르레일르 야ㅎ

79

⑲ מָאֲבוּס	마(ㅎ)오부-쓰	㉗ נִבְחָז	니브학즈
⑳ מְאוּמָה	메(ㅎ)우-마흐	㉘ נָבִיא	나비이(ㅎ)
㉑ מַאֲכָל	마(ㅎ)아켈	㉙ נִבְלָט	네발레뜨
㉒ מִבְטָח	미브따흑	㉚ נֶחְיָה	니흑야흐
㉓ מָגוֹג	마고-그	㉛ נָסַךְ	나싸크
㉔ מֵדוּ	메도우	㉜ נִיסָן	니이싼
㉕ מִדְיָן	미드얀	㉝ נוֹדְיָט	노드야뜨
㉖ מִכְסֶה	미크싸흐	㉞ נַחֲלוֹל	나핰롤-

⇨ ㉛ נָסַךְ 나싸크에서 כ (카프)의 어미형태 ךְ가 단어의 끝에 올 때는
ן(눈)의 어미형태 ן와 혼동되는 것을 막기위해 ךְ 안에 쉐와(ְ)를 넣었다.

80

㉟ סְאֵבָךְ	쎄(ㅎ)에바크	㊴ סֻלָל	쌀랄
㊱ סְגֻלָּה	쎄굴라ㅎ	㊵ סֻמָּן	짜문
㊲ סֹחֵב	쏘핳브	㊶ סְמַכְיָ	쎄마크야
㊳ סִכְלוּת	씨클루-뜨	㊷ סְכָיִים	쑤카이이임

81

연습문제(1)

다음 단어의 발음을 기록하시오(답은 앞 페이지에)

(*아래 글자들은 실제 히브리어 단어가 아니라 발음 연습을 위해 임의로 만든 것임)

① כְּאֵב		⑩ לְאֻמִי	
② כֹּבְדָה		⑪ לְבוּנָה	
③ כְּבוּל		⑫ לִבְנִי	
④ כֵּבֹן		⑬ לָחֻט	
⑤ כֶּדֶס		⑭ לוּטֶן	
⑥ כּוּלֶב		⑮ לְוַיָה	
⑦ כְּלָיוֹן		⑯ לְוִיִּי	
⑧ כֻּלֶם		⑰ לְחֻמֶס	
⑨ לְאֹל		⑱ לֵילִיָה	

⑲ מֵאָבוּס		㉛ נֶסֶךְ	
⑳ מְאוּמָה		㉜ נִיסָן	
㉑ מַאֲכָל		㉝ נוּדִיט	
㉒ מִבְטָח		㉞ נַחֲלוֹל	
㉓ מָגוֹג		㉟ סְאֶבֶךְ	
㉔ מָדוֹ		㊱ סְגֻלָה	
㉕ מִדְיָן		㊲ סֹחַב	
㉖ מִכְסֶה		㊳ סִכְלוּט	
㉗ נִבְחַז		㊴ סָלָל	
㉘ נָבִיא		㊵ סָמֶן	
㉙ נְבַלָּט		㊶ סְמָכִי	
㉚ נְחִיָּה		㊷ סְכָיִם	

연습문제(2)

다음 우리말을 히브리어로 바꾸시오(답은 아래에)

(히브리어를 쓸 때에는 모음기호 없이 자음만 표기하면 됨)

①카(ㅎ)아브		⑩레(ㅎ)우미임	
②코브다ㅎ		⑪레부-나ㅎ	
③카불-		⑫리브네이	
④카본-		⑬라학ㄸ	
⑤케다ㅆ		⑭로-딴	
⑥콜-레브		⑮리우으야ㅎ	
⑦킬라이온-		⑯레위이이이	
⑧쿨렘		⑰라흑메ㅆ	
⑨라(ㅎ)올		⑱레일르야ㅎ	

①כאב ②כבדה ③כבול ④כבון ⑤כדס ⑥כולב ⑦כליון
⑧כלם ⑨לאל ⑩לאמים ⑪לבונה ⑫לבני ⑬לחט ⑭לוטן
⑮לירה ⑯לוי ⑰לחמס ⑱לייה

84

⑲ 마(ㅎ)오 부-쓰		㉛ 나 싸크	
⑳ 메(ㅎ)우- 마ㅎ		㉜ 니이 싼	
㉑ 마(ㅎ)아 켈		㉝ 노ㄷ 야뜨	
㉒ 미브 따흑		㉞ 나학 롤-	
㉓ 마 고-ㄱ		㉟ 쎄(ㅎ)에 바크	
㉔ 메 도우		㊱ 쎄 굴 라ㅎ	
㉕ 미드 얀		㊲ 쏘 학브	
㉖ 미크 싸흐		㊳ 씨클 루-뜨	
㉗ 니브 학즈		㊴ 쌀 랄	
㉘ 나 비이(ㅎ)		㊵ 싸 문	
㉙ 네발 레뜨		㊶ 쎄 마크 야	
㉚ 니흑 야흐		㊷ 쑤카이 이임	

⑲מדו ⑳מגוג ㉑מאכל ㉒מבמח ㉓מאומה ㉔מאבוס
㉕נסך ㉚נחיה ㉛נבלט ㉙נביא ㉘נבחז ㉗מכסה ㉖מדין
㉜סחב ㉝סגלה ㉟סאבך ㊱נחלול ㉞נודיט ㉜ניסן
㊳סכיים ㊲סמכי ㊶סמן ㊵סלל ㊷סכלרוט

85

8
(아인) (페) (짜데) (꼬프) (레쉬)

(아인)

■ 인쇄체

■ 쓰는법

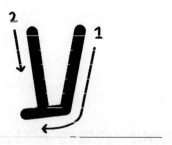

*손가락으로 글자 위에 여러 번 써 보세요

(페)

■ 인쇄체

(어미형)

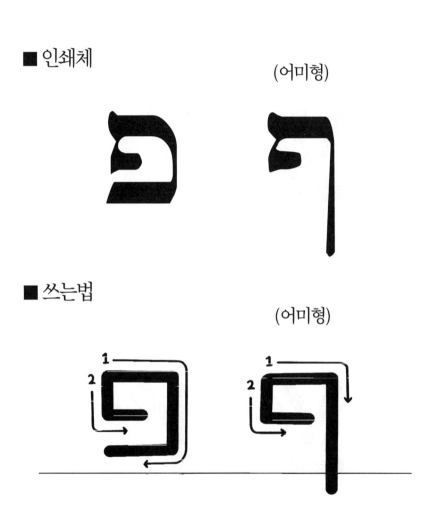

■ 쓰는법

(어미형)

*손가락으로 글자 위에 여러 번 써 보세요

(짜데)

■ 인쇄체   (어미형)

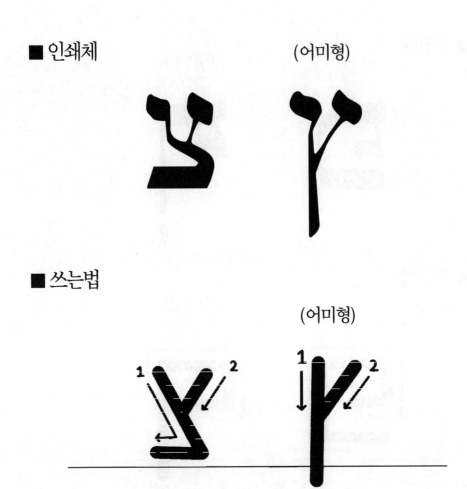

■ 쓰는법

(어미형)

*손가락으로 글자 위에 여러 번 써 보세요

(꼬프)

■ 인쇄체

■ 쓰는법

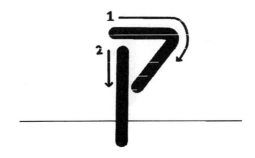

*손가락으로 글자 위에 여러 번 써 보세요

(레쉬)

■ 인쇄체

■ 쓰는법

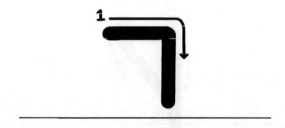

*손가락으로 글자 위에 여러 번 써 보세요

■자음 읽기

(아인) (페) (짜데) (꼬프) (레쉬)의 음가는 다음과 같다.

알파벳	음가
ע (아인)	(ㄱ)
פ(ף) (페)	ㅍ
צ (ץ) (짜데)	ㅉ
ק (꼬프)	ㄲ
ר (레쉬)	ㄹ(R)

⇨ ע(아인)은 무음처럼 보이지만 사실은 목에서 나는 짧고 약한 (ㄱ)소리이다.
고양이가 목에서 골골 소리는 내는 것과 비슷한 소리로 보면 된다.
본 책에서는 (아인)의 음가는 (ㄱ)으로 표기한다.

⇨ פ(페)의 음가는 (ㅍ)이며 단어의 맨 앞에 올 때는 경강점을 넣어 פ가 되며,
단어의 끝에 올 때는 ף로 표기한다.

⇨ צ(짜데)의 음가는 (ㅉ)이며 단어의 끝에 올 때는 ץ로 표기한다.

⇨ ק(꼬프)의 음가는 (ㄲ)이다.

⇨ ר(레쉬)의 음가는 (ㄹ)이며 영어의 R과 같은 발음이다.

■ 읽기 연습

*아래 단어들은 실제 히브리어가 아니라 발음 연습을 위해 임의로 만든 것임)

① עֶבֶד	(ㄱ)아 바드	⑩ פַּרְוַיִם	파르 와이 임
② עֲבָרִים	(ㄱ)아배 리임	⑪ פִּקְעָה	파꾸(ㄱ)에ㅎ
③ עֲוֶה	(ㄱ)아우으(ㄱ)에ㅎ	⑫ פֶּרֶק	파 로ㄲ
④ עַוִּים	(ㄱ)애 위임	⑬ פְּרָצִים	페라 찌임
⑤ עוּף	(ㄱ)우-프	⑭ פְּקַהְיָה	페까ㅎ 야ㅎ
⑥ עוּפַי	(ㄱ)오-파이	⑮ פְּלִילָה	펠르이 일 라ㅎ
⑦ עֲזִיאֵל	(ㄱ)우 지이(ㅎ)엘	⑯ פֶּגַע	파 가(ㄱ)
⑧ עִיּוֹן	(ㄱ)이 욘-	⑰ צִיּוֹן	찌 욘
⑨ פְּרִיץ	페 리이ㅉ	⑱ צֶלַע	짤 레(ㄱ)

⑲ צַעֲצֻעַ	짜(ㄱ)(으)쭈(ㄱ)	⑳ צְפוֹנִי	쩨포-니이
㉑ צִקְלַג	치끌라그	㉒ צָרְפִי	쪼르페이
㉓ צָרְעִי	쩨르(ㄱ)이이	㉔ צִיעֹר	찌이(ㄱ)오르
㉕ קַבְּ	까바쯔	㉖ קָדִים	께딤-
㉗ קְוֻצָּה	께우우짜흐	㉘ קְטֻרָה	께또라흐
㉙ קַיִן	까이인	㉚ קִמְיוֹף	끼이마요-프
㉛ קֶרֹס	께로쓰	㉜ קְמוּאֵל	께무-(ㅎ)엘
㉝ רֶדֶף	레다프	㉞ רְעוּב	루-(ㄱ)아브
㉟ רֵיקָם	레이깜	㊱ רְמִיָה	레미야흐
㊲ רְעָבוֹן	라(ㄱ)에본-	㊳ רְעוּאֵל	레(ㄱ)우-(ㅎ)엘
㊴ רְצָאח	라쪼(ㅎ)에흑	㊵ רְפֶסֶד	레파쑤드

연습문제(1)

다음 단어의 발음을 기록하시오(답은 앞 페이지에)

(*아래 글자들은 실제 히브리어 단어가 아니라 발음 연습을 위해 임의로 만든 것임)

① עֶבֶד		⑩ פְּרוַיִם	
② עֲבָרִים		⑪ פַּקְעָה	
③ עַוְעֶה		⑫ פֶּרֶק	
④ עֲוִים		⑬ פְּרָצִים	
⑤ עוּף		⑭ פְּקָהְיָד	
⑥ עוּפִּי		⑮ פְּלִילֶה	
⑦ עֲזִיאֵל		⑯ פֶּגַע	
⑧ עִיּוֹן		⑰ צִיּוֹן	
⑨ פְּרִיץ		⑱ צֶלַע	

③⓪ קִימַיוֹף		⑲ צֶעְצֻעַ	
③① קֶרֶס		⑳ צְפוֹנִי	
③② קְמוּאֵל		㉑ צִקְלַג	
③③ רְדַף		㉒ צָרְפִי	
③④ רוּעַב		㉓ צָרְעִי	
③⑤ רֵיקַם		㉔ צִיעֹר	
③⑥ רְמִיָה		㉕ קָבָץ	
③⑦ רַעְבוֹן		㉖ קֶדֻם	
③⑧ רְעוּאֵל		㉗ קֻוְצָה	
③⑨ רַצֹאַח		㉘ קְטֻרָה	
④⓪ רְפֶסְד		㉙ קַיִן	

연습문제(2)

다음 우리말을 히브리어로 바꾸시오(답은 아래에)

(히브리어를 쓸 때에는 모음기호 없이 자음만 표기하면 됨)

① (ㄱ)아 바드		⑩ 파르 와이 임	
② (ㄱ)아바 리임		⑪ 파꾸(ㄱ)에흐	
③ (ㄱ)아우(ㄱ)에흐		⑫ 파 로끄	
④ (ㄱ)아 위임		⑬ 페라 찌임	
⑤ (ㄱ)우-프		⑭ 페까흐 야흐	
⑥ (ㄱ)오- 파이		⑮ 펠르이 일 라흐	
⑦ (ㄱ)우 지이(ㅎ)엘		⑯ 파 가(ㄱ)	
⑧ (ㄱ)이 욘-		⑰ 찌 욘	
⑨ 페 리이쯔		⑱ 짤 레(ㄱ)	

① עבד ② עברים ③ עואה ④ עים ⑤ עוף ⑥ עופי ⑦ עזיאל
⑧ עיון ⑨ פריץ ⑩ פרים ⑪ פקעה ⑫ פרק ⑬ פרצים
⑭ פקיה ⑮ פלילה ⑯ פנע ⑰ ציון ⑱ צלע

96

⑲짜(ㄱ)으쭈(ㄱ)		㉚끼이마요-ㅍ	
⑳쩨포-니이		㉛께로쓰	
㉑치끌라그		㉜께무-(ㅎ)엘	
㉒쪼르페이		㉝레다ㅍ	
㉓쩨르(ㄱ)이이		㉞루-(ㄱ)아브	
㉔찌이(ㄱ)오르		㉟레이깜	
㉕까바쯔		㊱레미야ㅎ	
㉖께둠-		㊲라(ㄱ)에본-	
㉗께우우짜ㅎ		㊳레(ㄱ)우-(ㅎ)엘	
㉘께또라ㅎ		㊴라쪼(ㅎ)에흑	
㉙까이인		㊵레파쑤드	

⑲ צִיעָר ⑳ צְפוֹנִי ㉑ צְקלְג ㉒ צָרְפִי ㉓ צְרֵעִי ㉔ צַעְצַע ㉕ קְבְצ
㉖ קְדָם ㉗ קוֹצָה ㉘ קְטָרָה ㉙ קַיִן ㉚ קִמִיוֹף ㉛ קְרָס
㉜ רְעוּן ㉝ רָדַף ㉞ רוֹעָב ㉟ רִיקָם ㊱ רָמִיה ㊲ רְעֻבֵן קְמוּאֵל
㊳ רְפָסד ㊴ רָצַאח ㊵ רְעוּאֵל

9
(쉰) (신) (타우)

■ 인쇄체

(쉰)　　　　　　　(신)

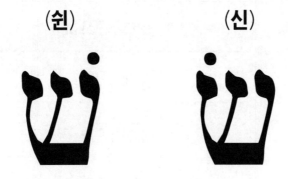

■ 쓰는법

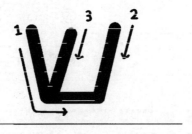

*손가락으로 글자 위에 여러 번 써 보세요

98

(타우)

■ 인쇄체

■ 쓰는법

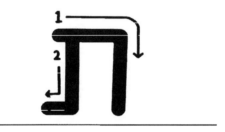

*손가락으로 글자 위에 여러 번 써 보세요

■자음 읽기

(쉰) (신) (타우)의 음가는 다음과 같다.

알파벳	음가
שׁ (쉰)	ㅅㅎ(sh)
שׂ (신)	ㅅ(s)
ת (타우)	ㅌ

⇨ שׁ(쉰)의 음가는 (ㅅㅎ)이며 영어의 sh 발음이며, 모음과 합쳐서
　'샤' '쉬' '슈'와 같은 발음이 난다.

⇨ שׂ(신)의 음가는 (ㅅ)이며 영어의 s 발음이다.

⇨ ת(타우)의 음가는 (ㅌ)이며 단어의 처음에 올 때는 경강점을 붙여 תּ가 된다.

■읽기 연습

(아래 단어들은 실제 히브리어가 아니라 발음 연습을 위해 임의로 만든 것임)

①שְׁאוּלִי 샤(ㅎ)울-리이	④שְׁבִיָה 쉬브야ㅎ
②שֵׁיָה 셰(ㅎ)야ㅎ	⑤שֶׁמֶץ 샤메쯔
③שְׁאֵרִית 셰(ㅎ)에리이트	⑥שׁוּבְעַיִם 슈-브(ㄱ)이임

100

⑦ שַׁחֲצוֹם 샤학쫌-	⑯ תַּאַם 타(ㅎ)암
⑧ שְׁמָעַת 쉬므(ㄱ)아트	⑰ תַּבְעֵרָה 타브(ㄱ)에라ㅎ
⑨ שַׁרְאֶצֶר 샤트(ㅎ)에쩨르	⑱ תַּאְפֻּכָה 타(ㅎ)푸키ㅎ
⑩ שַׁרְסְכִים 사르쎄키임	⑲ תְּשׁוּקָה 테슈까ㅎ
⑪ שִׁקֻּו 시꾸우	⑳ תַּרְעֵלָה 타트(ㄱ)엘라ㅎ
⑫ שָׁפֶן 샤펜	㉑ תַּנְחוּם 타느훅-므
⑬ שְׂרֵקָה 세리까ㅎ	㉒ תַּהְמֵס 타흐마쓰
⑭ שִׂרְיוֹן 시르욘	㉓ תּוֹצָאָה 토찌(ㅎ)아ㅎ
⑮ שֹׁרֶשׁ 세라쉬	㉔ תַּחְתִּי 타흑티이

⇨ ⑩번의 경우처럼 쉐와(**:**)가 연속해서 나올 때에는 뒤의 세와(**:**)는 약한 (에)로
발음한다.

연습문제(1)

다음 단어의 발음을 기록하시오(답은 앞 페이지에)

(*아래 글자들은 실제 히브리어 단어가 아니라 발음 연습을 위해 임의로 만든 것임)

① שָׁאוּלִי		⑩ שֶׁרְסְכִים	
② שְׁאַיָה		⑪ שִׁקֵן	
③ שְׁאֵרִית		⑫ שַׁפֵּן	
④ שְׁבִיָה		⑬ שְׁרְקָה	
⑤ שַׁמֶץ		⑭ שִׁרְיוֹן	
⑥ שׁוּבְעִים		⑮ שֶׁרֶשׁ	
⑦ שַׁחַצוֹם		⑯ תַּאַם	
⑧ שְׁמֶעָת		⑰ תַּבְעֵרָה	
⑨ שְׁרָאצֵר		⑱ תַּפְכָה	

102

תְּשׁוּקָה ⑲		תַּהְמַס ⑳	
תַּרְעֵלָה ⑳		תּוֹצָאָה ㉓	
תַּנְחוּם ㉑		תַּחְתִּי ㉔	

연습문제(2)

다음 우리말을 히브리어로 바꾸시오(답은 아래에)

(히브리어를 쓸 때에는 모음기호 없이 자음만 표기하면 됨)

①샤(ㅎ)울리이		⑬세리까ㅎ	
②셰(ㅎ)야ㅎ		⑭시르욘	
③세(ㅎ)에리이트		⑮세라쉬	
④슈브야ㅎ		⑯타(ㅎ)암	
⑤샤메쯔		⑰타브(ㄱ)에라ㅎ	
⑥슈-브(ㄱ)이임		⑱타(ㅎ)푸키ㅎ	
⑦샤할쫌-		⑲테슈까ㅎ	
⑧슈므(ㄱ)아트		⑳타르(ㄱ)엘라ㅎ	
⑨샤르(ㅎ)에쩨르		㉑타느훜-므	
⑩사르쎄키임		㉒타ㅎ마쓰	
⑪시꾸우		㉓토-찌(ㅎ)아ㅎ	
⑫사펜		㉔타흨티이	

①שׁאוּלִי ②שֵׁיָה ③שְׁאֵרִית ④שְׁבִיָה ⑤שֶׁמֶץ ⑥שׁוּבָעִים
⑦שַׁחְצוֹם ⑧שִׁמְעַת ⑨שָׂרֶצֶר ⑩שַׂרְסְכִים ⑪שִׁקּוּ ⑫שָׂפֶן
⑬תַּאֲפֵכָה ⑭שִׂרְיוֹן ⑮שֶׁרֶשׁ ⑯תָּאָם ⑰תַּבְעֵרָה ⑱תַּהְפֻּכָה
⑲תְּשֻׁקָה ⑳תַּרְעֵלָה ㉑תַּנְחוּם ㉒תַּהְמַס ㉓תּוֹצָאָה ㉔תַּחְתִּי

104

10
특별한 글자 읽는 법

■경강점

히브리어 자음 중에서 בּ(베트), גּ(김멜), דּ(달렛), כּ(카프), פּ(페), תּ(타우)가
단어의 첫번째에 오거나 또는 쉐와(ְ)가 있는 글자 다음에 올 때는
글자 중앙에 점을 넣어서 단단한 소리(된소리)로 발음하며 이를 가리켜
'경강점'이라고 부른다.

구약성경 창세기의 "태초에"로 번역되는 이 단어는 2음절로 구성되었다.
첫 글자인 בּ(베)에 점이 없다면 약하게 발음해야 하지만 경음점이
있으므로 된소리로 발음한다. 이 단어의 액센트는 마지막 음절의 (쉬)에
있으므로 (베)에 악센트를 넣지 말고 된소리로만 발음하면 된다. 강하게
발음한다기보다는 또박또박하게 발음한다고 보면 된다.

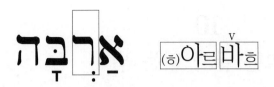

위 단어는 쉐와(ㆍ)가 있는 단어 בְ 뒤의 첫 번째 단어가 בּ로
시작하므로 경강점이 들어갔다. 액센트도 בּ에 있으므로 분명하고
강하게 발음하면 된다.

■중복점

단어의 첫 번째 글자나 쉐와(ㆍ) 다음의 첫 번째 글자가 아니라도
또박또박 발음해야 할 때에는 글자 중앙에 점을 넣는다. 이를 가리켜
중복점이라고 부르며, 뒤의 말을 앞에서 중복해서 발음하면 된다.

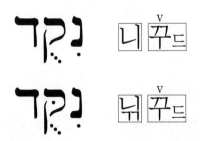

자음을 중복해서 발음하면 '뉘'에 힘이 들어가 잠깐 쉬게 되면서 결과
적으로 중복점이 있는 "꾸"가 똑똑하게 들리는 효과가 나타난다.

■ 목에서 나는 된소리의 자음과 단모음(아)의 연결

히브리어는 자음의 음가에 모음부호를 붙여서 읽는게 원칙이지만,
단어의 끝에 후음(목에서 나는 된소리의 자음) ח ה ע이 오고 거기에 모음
부호(_)가 붙으면 모음부호를 먼저 읽고 자음을 나중에 읽는다.

107

■ 읽기 연습

(아래 단어들은 실제 히브리어가 아니라 발음 연습을 위해 임의로 만든 것임

① פְּדַהְעֵל	페다ㅎ (ㄱ)엘	⑩ רְנָאֵה	린나(ㅎ)에ㅎ	
② כַּרְבֵּל	카르 벨라	⑪ עַדֻלָם	(ㄱ)아둘람	
③ כָּפֻּר	캎 푸르	⑫ יַלְדַּת	얄르 다트	
④ בֶּלְאֶצֶר	벨라(ㅎ)쩨르	⑬ עִמָּנוּ	(ㄱ)임 마 누-	
⑤ טַבְלֹחַ	땁 빌로 아ㅎ	⑭ נְסֻבָּה	네씁 바ㅎ	
⑥ גֵּיחֲזִי	게이하 지이	⑮ פִּסְיָה	핏 쌔 야ㅎ	
⑦ כֹּחַ	코 아ㅎ	⑯ תַּמֻּהַּ	타 무 흐	
⑧ הַנּוֹת	한 노트	⑰ יִכְּשֶׁל	이읰 카 셸	
⑨ נִקְפַּע	니끄 포 아 (ㄱ)	⑱ טוֹבִיָּה	또 비이 아ㅎ	

*②번 כַּרְבֵּל는 쉐와가 있는 글자가 연속해서 나올 때는 뒤의 쉐와는 음절의 첫글자가 되어 (에)로 발음한다. 또한 첫 번째 쉐와가 있는 글자(ר)는 약하게 발음하지만 뒤의 쉐와가 있는 글자 (בֵ)는 경강점이 있으므로 된소리로 발음한다.

연습문제(1)

다음 단어의 발음을 기록하시오(답은 앞 페이지에)

(*아래 글자들은 실제 히브리어 단어가 아니라 발음 연습을 위해 임의로 만든 것임)

① פְּדַהְעֵל		⑩ רְנֵאֵה	
② כַּרְבַּל		⑪ עֲדְלֵם	
③ כַּפֵּר		⑫ יֵלְדְת	
④ בֵּלַאצֵּר		⑬ עֲמָנוּ	
⑤ טַבְלַח		⑭ נְסְבֵּה	
⑥ גֵּיהֲזִי		⑮ פְּסִיה	
⑦ כֹּה		⑯ תַּמֵּה	
⑧ הֲנוֹת		⑰ יְכֹשֵׁל	
⑨ נִקְפֹּעַ		⑱ טוּבְיֵה	

다음 우리말을 히브리어로 바꾸시오(답은 아래에)

(히브리어를 쓸 때에는 모음기호 없이 자음만 표기하면 됨)

①페다ㅎ ㈀엘		⑩린 나ㅎ 에ㅎ	
②카ㄹ 벨라		⑪㈀아둘람	
③캎 푸ㄹ		⑫얄ㄹ 다ㅌ	
④벨 라ㅎ 쩨ㄹ		⑬㈀임 마 누-	
⑤땁 빌 로 아ㅎ		⑭네씹 바ㅎ	
⑥게이하 지이		⑮핏 싸 야ㅎ	
⑦코 아흐		⑯타 무흐	
⑧한 노ㅌ		⑰이잌 카 셸	
⑨니ㅍ 포 아㈀		⑱또 비이아ㅎ	

①פדהאל ②כרבל ③כפר ④בלאצר ⑤טבלח ⑥גידהזי
⑦כה ⑧הנת ⑨נקפע ⑩רנאה ⑪עדלם ⑫ילדת ⑬עמנוו
⑭נסבה ⑮פסיה ⑯תמה ⑰יכשל ⑱טוביה

제3장
구약성경
히브리어
읽기/쓰기

11
창세기 1:1~5

בְּרֵאשִׁית בָּרָא אֱלֹהִים אֵת הַשָּׁמַיִם

핫샤마임　(ㅎ)에트　(ㅎ)엘로히임　바라(ㅎ)　베레(ㅎ)쉬이트

וְאֵת הָאָרֶץ:

하(ㅎ)아레쯔　웨(ㅎ)에트

וְהָאָרֶץ הָיְתָה תֹהוּ וָבֹהוּ וְחֹשֶׁךְ

웨홋세크　와보후-　토후-　하이으타흐　웨하(ㅎ)아레쯔

עַל־ פְּנֵי תְהוֹם וְרוּחַ אֱלֹהִים מְרַחֶפֶת

메라헥페트　(ㅎ)엘로히임　웨루아흐　테홈　페네이　(ㄱ)알

עַל־ פְּנֵי הַמָּיִם:

함마이임　페네이　(ㄱ)알

וַיֹּאמֶר אֱלֹהִים יְהִי אוֹר וַיְהִי־ אוֹר:

(ㅎ)오-르　와이으히이　(ㅎ)오르　예히이　(ㅎ)엘로히임　와이오(ㅎ)메르

וַיַּרְא אֱלֹהִים אֶת־הָאוֹר כִּי־טוֹב

또-브 키이 하(ㅎ)오-르 (ㅎ)에트 (ㅎ)엘로히임 와이아르(ㅎ)

וַיַּבְדֵּל אֱלֹהִים בֵּין הָאוֹר וּבֵין הַחֹשֶׁךְ׃

하혹셰크 우-베인 하(ㅎ)오-르 베인 (ㅎ)엘로히임 와이아브델

וַיִּקְרָא אֱלֹהִים לָאוֹר יוֹם וְלַחֹשֶׁךְ

웰라혹셰크 욤- 라(ㅎ)오-르 (ㅎ)엘로히임 와이이끄라(ㅎ)

קָרָא לָיְלָה וַיְהִי־עֶרֶב וַיְהִי־בֹקֶר

보께르 와이으히이 (ㄱ)에레브 와이으히이 라이을라흐 까라(ㅎ)

יוֹם אֶחָד׃

(ㅎ)에핫드 욤-

113

연습문제(1)

아래 히브리어를 읽고 우리말로 음역하시오(답은 다음 페이지에)

④אֵת	③אֱלֹהִים	②בָּרָא	①בְּרֵאשִׁית
⑧וְהָאָרֶץ	⑦הָאָרֶץ	⑥וְאֵת	⑤הַשָּׁמַיִם
⑫וְחֹשֶׁךְ	⑪וָבֹהוּ	⑩תֹהוּ	⑨הָיְתָה
⑯וְרוּחַ	⑮תְהוֹם	⑭פְּנֵי	⑬עַל
⑳פְּנֵי	⑲עַל	⑱מְרַחֶפֶת	⑰אֱלֹהִים
㉔יְהִי	㉓אֱלֹהִים	㉒וַיֹּאמֶר	㉑הַמָּיִם

114

㉘ וַיַּרְא	㉗ אוֹר	㉖ וַיְהִי	㉕ אוֹר
㉜ כִּי	㉛ הָאוֹר	㉚ אֶת	㉙ אֱלֹהִים
㊱ בֵּין	㉟ אֱלֹהִים	㉞ וַיַּבְדֵּל	㉝ טוֹב
㊵ וַיִּקְרָא	㊴ הַחֹשֶׁךְ	㊳ וּבֵין	㊲ הָאוֹר
㊹ וְלַחֹשֶׁךְ	㊸ יוֹם	㊷ לָאוֹר	㊶ אֱלֹהִים
㊽ עֶרֶב	㊼ וַיְהִי	㊻ לַיְלָה	㊺ קָרָא
㋑ אֶחָד	㋀ יוֹם	㊿ בֹקֶר	㊾ וַיְהִי

연습문제(2)

아래 우리말을 히브리어로 바꾸시오(답은 아래에)
(히브리어를 쓸 때에는 모음기호 없이 자음만 표기하면 됨)

④(ㅎ)에트	③(ㅎ)엘로히임	②바라(ㅎ)	①베레(ㅎ)쉬이트
⑧웨하(ㅎ)아레쯔	⑦하(ㅎ)아레쯔	⑥웨(ㅎ)에트	⑤핫샤마임
⑫웨훅셰크	⑪와보후-	⑩토후-	⑨하이으타흐
⑯웨루아흐	⑮테홈	⑭페네이	⑬(ㄱ)알
⑳페네이	⑲(ㄱ)알	⑱메라헥페트	⑰(ㅎ)엘로히임
㉔예히이	㉓(ㅎ)엘로히임	㉒와이오(ㅎ)메르	㉑함마이임

①בְּרֵאשִׁית ②בָּרָא ③אֱלֹהִים ④אֵת ⑤הַשָּׁמַיִם ⑥וְאֵת
⑦הָאָרֶץ ⑧וְהָאָרֶץ ⑨הָיְתָה ⑩תֹהוּ ⑪וָבֹהוּ ⑫וְחֹשֶׁךְ ⑬עַל
⑭פְּנֵי ⑮תְהוֹם ⑯וְרוּחַ ⑰אֱלֹהִים ⑱מְרַחֶפֶת ⑲עַל ⑳פְּנֵי
㉑הַמָּיִם ㉒וַיֹּאמֶר ㉓אֱלֹהִים ㉔יְהִי

116

㉘와이아르(ㅎ)	㉗(ㅎ)오르	㉖와이히이	㉕(ㅎ)오르
㉜키이	㉛하(ㅎ)오르	㉚(ㅎ)에트	㉙(ㅎ)엘로히임
㊱베인	㉟(ㅎ)엘로히임	㉞와이아브델	㉝또브
㊵와이이끄라(ㅎ)	㊴하혹세크	㊳우베인	㊲하(ㅎ)오르
㊹웰라혹세크	㊸욤-	㊷라(ㅎ)오르	㊶(ㅎ)엘로히임
㊽(ㄱ)에레브	㊼와이으히이	㊻라이을라흐	㊺까라(ㅎ)
㊾(ㅎ)에핟드	㊿욤-	50보께르	49와이으히이

㉜ כי ㉛ הָאָר ㉚ אֵת ㉙ אֱלֹהִים ㉘ וַיַּרְא ㉗ אָר ㉖ וַיְהִי ㉕ אֽוֹר
㉝ טב ㉞ וַיַּבְדֵּל ㉟ אֱלֹהִים ㊱ בֵּין ㊲ הָאָר ㊳ וּבֵין ㊴ הַחשֶׁךְ
㊺ קָרָה ㊻ וְלַחשֶׁךְ ㊼ וַיִּקְרָא ㊳ אֱלֹהִים ㊷ לָאָר ㊸ יוֹם ㊹ וְלַחשֶׁךְ ㊵ וַיִּקְרָא
㊻ אֶחָד ㊿ יוֹם ㊾ בֹקֶר ㊽ עֶרֶב ㊽ וַיְהִי ㊼ וַיְהִי ㊻ לָיְלָה

117

12
출애굽기 3:2~5

וַיֵּרָא מַלְאַךְ יְהוָה אֵלָיו בְּלַבַּת־אֵשׁ

와이에라(ㅎ) 말르(ㅎ)아크 예호와흐 (ㅎ)엘라이우 벨라바트 (ㅎ)에쉬

מִתּוֹךְ הַסְּנֶה וְהִנֵּה וַיַּרְא הַסְּנֶה בֹּעֵר

밀토-크 핫쓰네흐 웨힌네흐 와이아르(ㅎ) 핫쓰네흐 보(ㄱ)에르

בָּאֵשׁ וְהַסְּנֶה אֵינֶנּוּ אֻכָּל׃

바(ㅎ)에쉬 웨핫쓰네흐 (ㅎ)에이넨누- (ㅎ)욱칼

וַיֹּאמֶר מֹשֶׁה אָסֻרָה־נָּא וְאֶרְאֶה

와이오(ㅎ)메르 모셰흐 (ㅎ)아쑤라흐 나(ㅎ) 웨(ㅎ)에르(ㅎ)에흐

אֶת־הַמַּרְאֶה הַגָּדֹל הַזֶּה מַדּוּעַ לֹא־

(ㅎ)에트 함마르(ㅎ)에흐 학가돌 핫제흐 맏두-아(ㄱ) 로(ㅎ)

יִבְעַר הַסְּנֶה׃

이이브(ㄱ)아르 핫쓰네흐

וַיַּרְא יְהוָה כִּי סָר לִרְאוֹת וַיִּקְרָא

와이아르(ㅎ) 예호와흐 키이 싸르 리르(ㅎ)오-트 와이이끄라(ㅎ)

118

אֵלָיו אֱלֹהִים מִתּוֹךְ הַסְּנֶה וַיֹּאמֶר

와이오(ㅎ)메르 핫쓰네흐 밑토-ㅋ (ㅎ)엘로히임 (ㅎ)엘라이우

מֹשֶׁה מֹשֶׁה וַיֹּאמֶר הִנֵּנִי:

힌네니이 와이오(ㅎ)메르 모셰흐 모셰흐

וַיֹּאמֶר אַל־ תִּקְרַב הֲלֹם שַׁל־ נְעָלֶיךָ

네(ㄱ)알레이카 샬 할롬 티끄라브 (ㅎ)알 와이오(ㅎ)메르

מֵעַל רַגְלֶיךָ כִּי הַמָּקוֹם אֲשֶׁר אַתָּה

(ㅎ)앝타흐 (ㅎ)아셰르 함마꼼- 키이 라글레이카 메(ㄱ)알

עוֹמֵד עָלָיו אַדְמַת־ קֹדֶשׁ הוּא

후-(ㅎ) 꼬데쉬 (ㅎ)아드마트 (ㄱ)알라이우 (ㄱ)오-메드

119

연습문제(1)

아래 히브리어를 읽고 우리말로 음역하시오(답은 다음 페이지에)

④ אֵלָיו	③ יְהוָה	② מַלְאַךְ	① וַיֵּרָא
⑧ הַסְּנֶה	⑦ מִתּוֹךְ	⑥ אֵשׁ	⑤ בְּלַבַּת
⑫ בָּאֵשׁ	⑪ בֹּעֵר	⑩ וְהִנֵּה	⑨ וַיַּרְא
⑯ וַיֹּאמֶר	⑮ אֻכָּל	⑭ אֵינֶנּוּ	⑬ וְהַסְּנֶה
⑳ וָאֶרְאֶה	⑲ נָא	⑱ אָסֻרָה	⑰ מֹשֶׁה
㉔ הַזֶּה	㉓ הַגָּדֹל	㉒ הַמַּרְאֶה	㉑ אֵת

㉘ הַסְּנֶה	㉗ יִבְעַר	㉖ לֹא	㉕ מַדּוּעַ
㉜ סָר	㉛ כִּי	㉚ יְהוָה	㉙ וַיֵּרָא
㊱ מִתּוֹךְ	㉟ אֱלֹהִים	㉞ וַיִּקְרָא	㉝ לִרְאוֹת
㊵ הֲלֹם	㊴ תִּקְרַב	㊳ אַל	㊲ וַיֹּאמֶר
㊹ רַגְלֶיךָ	㊸ מֵעַל	㊷ נְעָלֶיךָ	㊶ שַׁל
㊽ עוֹמֵד	㊼ אַתָּה	㊻ אֲשֶׁר	㊺ הַמָּקוֹם
㊿ הוּא	㊿ קֹדֶשׁ	㊿ אַדְמַת	㊾ עָלָיו

연습문제(2)

아래 우리말을 히브리어로 바꾸시오(답은 아래에)

④(ㅎ)엘라이우	③예호와흐	②말르(ㅎ)아크	①와이에라(ㅎ)
⑧핫쓰네흐	⑦밑토-크	⑥(ㅎ)에쉬	⑤벨라바트
⑫바(ㅎ)에쉬	⑪보(ㄱ)에르	⑩웨힌네흐	⑨와이아르(ㅎ)
⑯와이오(ㅎ)메르	⑮(ㅎ)욱칼	⑭(ㅎ)에이넨누	⑬웨핫쓰네흐
⑳웨(ㅎ)에르(ㅎ)에흐	⑲나(ㅎ)	⑱(ㅎ)아쑤라흐	⑰모셰흐
㉔핫제흐	㉓학가돌	㉒함마르(ㅎ)에흐	㉑(ㅎ)에트

①וירא ②מלאך ③יהוה ④אליו ⑤בלבת ⑥אש ⑦מתוך
⑧הסנה ⑨וירד ⑩והנה ⑪בער ⑫באש ⑬והסנה ⑭איננו
⑮אכל ⑯ויאמר ⑰משה ⑱אסרה ⑲נא ⑳ואראה ㉑את
㉒המראה ㉓הגדל ㉔הזה

㉘핫쓰네흐	㉗이이브(ㄱ)아르	㉖ㄹ로(ㅎ)	㉕맏두-아(ㄱ)
㉜싸르	㉛키이	㉚예호와흐	㉙와이아르(ㅎ)
㊱밑토-크	㉟(ㅎ)엘로히임	㉞와이이끄라(ㅎ)	㉝ㄹ리르(ㅎ)오-트
㊵할롬	㊴티끄라브	㊳(ㅎ)알	㊲와이오(ㅎ)메르
㊹라글레이카	㊸메(ㄱ)알	㊷네(ㄱ)알레이카	㊶샬
㊽(ㄱ)오-메드	㊼(ㅎ)알타흐	㊻(ㅎ)아셰르	㊺함마꼼-
52후-(ㅎ)	51꼬데쉬	50(ㅎ)아드마트	49(ㄱ)알라이우

㉜ סר ㉛ כי ㉚ יהוה ㉙ וירא ㉘ הסנה ㉗ יבער ㉖ לא מדוע ㉕
㊳ אל ㊲ ויאמר ㊱ מתוך ㉟ אלהים ㉞ ויקרא ㉝ לראות ㉝
㊴ המקום ㊵ רגליך ㊶ מעל ㊷ נעליך ㊸ של ㊹ הלם ㊺ תקרב
㊻ הוא ㊼ קדש ㊽ אדמת ㊾ עליו ㊿ עומד ㊼ אתה 52 אשר ㊻

123

13
이사야 53:1~6

מִי הֶאֱמִין לִשְׁמֻעָתֵנוּ וּזְרוֹעַ יְהוָה
예호와흐　우-즈로-아(ㄱ)　리슈무(ㄱ)아테누-　헤(ㅎ)에미인　미이

עַל־ מִי נִגְלָתָה:
니글라타흐　미이　(ㄱ)알

וַיַּעַל כַּיּוֹנֵק לְפָנָיו וְכַשֹּׁרֶשׁ מֵאֶרֶץ
메(ㅎ)에레쯔　웨캇쇼레쉬　레파나이우　카이오네끄　와이아(ㄱ)알

צִיָּה לֹא־ תֹאַר לוֹ וְלֹא הָדָר
하다르　웰로(ㅎ)　로-　토(ㅎ)아르　로(ㅎ)　찌이아흐

וְנִרְאֵהוּ וְלֹא־ מַרְאֶה וְנֶחְמְדֵהוּ:
웨네흠메데후-　마르(ㅎ)에흐　웰로(ㅎ)　웨니르(ㅎ)에후-

נִבְזֶה וַחֲדַל אִישִׁים אִישׁ מַכְאֹבוֹת
마크(ㅎ)오보-트　(ㅎ)이이쉬　(ㅎ)이이쉬임　와핟달　니브제흐

וִידוּעַ חֹלִי וּכְמַסְתֵּר פָּנִים מִמֶּנּוּ
밈멘누-　파니임　우크마쓰테르　홀리이　위이두-아(ㄱ)

124

נִבְזֶה וְלֹא חֲשַׁבְנֻהוּ׃
니브제ㅎ 웰로(ㅎ) 학샤브누후-

אָכֵן חֳלָיֵנוּ הוּא נָשָׂא וּמַכְאֹבֵינוּ
(ㅎ)아켄 홐랴예누- 후-(ㅎ) 나샤(ㅎ) 우-마크(ㅎ)오베이누-

סְבָלָם וַאֲנַחְנוּ חֲשַׁבְנֻהוּ נָגוּעַ מֻכֵּה
쎄발람 와(ㅎ)아나흐누- 학샤브누후- 나구-아(ㄱ) 묵케ㅎ

אֱלֹהִים וּמְעֻנֶּה׃
(ㅎ)엘로히임 우-므(ㄱ)운네ㅎ

וְהוּא מְחֹלָל מִפְּשָׁעֵנוּ מְדֻכָּא
웨후-(ㅎ) 메홐랄 밒프샤(ㄱ)에누- 메둨카(ㅎ)

מֵעֲוֹנֹתֵינוּ מוּסַר שְׁלוֹמֵנוּ עָלָיו
메(ㄱ)아오-노테이누- 무-싸르 셸로-메누- (ㄱ)알라이우

וּבַחֲבֻרָתוֹ נִרְפָּא־לָנוּ׃
우바학부라토- 니르파(ㅎ) 라누-

כֻּלָּנוּ כַּצֹּאן תָּעִינוּ אִישׁ לְדַרְכּוֹ פָּנִינוּ
쿨라누- 캇쪼(ㅎ)은 타(ㄱ)이이누- (ㅎ)이이쉬 레다르코- 파니이누-

וַיהוָה הִפְגִּיעַ בּוֹ אֵת עֲוֹן כֻּלָּנוּ׃
와이호와ㅎ 히프기이아(ㄱ) 보- (ㅎ)에트 (ㄱ)아온- 쿨라누-

125

아래 히브리어를 읽고 우리말로 음역하시오(답은 다음 페이지에)

④וּזְרוֹעַ	③לִשְׁמֻעָתֵנוּ	②הֶאֱמִין	①מִי
⑧נִגְלָתָה	⑦מִי	⑥עַל	⑤יְהוָה
⑫וְכַשֹּׁרֶשׁ	⑪לְפָנָיו	⑩כַּיּוֹנֵק	⑨וַיַּעַל
⑯תֹּאַר	⑮לֹא	⑭צִיָּה	⑬מֵאֶרֶץ
⑳וְנִרְאֵהוּ	⑲הָדָר	⑱וְלֹא	⑰לוֹ
㉔נִבְזֶה	㉓וְנֶחְמְדֵהוּ	㉒מַרְאֶה	㉑וְלֹא

28 מַכְאֹבוֹת	27 אִישׁ	26 אִישִׁים	25 וַחֲדַל
32 וּכְמַסְתֵּר	31 פָּנִים	30 חֹלִי	29 וִידוּעַ
36 חֲשַׁבְנֻהוּ	35 וְלֹא	34 נִבְזֶה	33 מִמֶּנּוּ
40 נָשָׂא	39 הוּא	38 חֳלָיֵנוּ	37 אָכֵן
44 וַאֲנַחְנוּ	43 נָגוּעַ	42 סְבָלָם	41 וּמַכְאֹבֵינוּ
48 וּמְעֻנֶּה	47 מֻכֵּה	46 אֱלֹהִים	45 חֲשַׁבְנֻהוּ

⑤② מְדֻכָּא	⑤① מִפְּשָׁעֵנוּ	⑤⓪ מְחֹלָל	④⑨ וְהוּא
⑤⑥ עָלָיו	⑤⑤ שְׁלוֹמֵנוּ	⑤④ מוּסַר	⑤③ מֵעֲוֹנֹתֵינוּ
⑥⓪ כֻּלָּנוּ	⑤⑨ לָנוּ	⑤⑧ נִרְפָּא	⑤⑦ וּבַחֲבֻרָתוֹ
⑥④ לְדַרְכּוֹ	⑥③ אִישׁ	⑥② תָּעִינוּ	⑥① כַּצֹּאן
⑥⑧ בּוֹ	⑥⑦ הִפְגִּיעַ	⑥⑥ וַיהוָה	⑥⑤ פָּנִינוּ
	⑦① כֻּלָּנוּ	⑦⓪ עֲוֹן	⑥⑨ אֵת

연습문제(2)

아래 우리말을 히브리어로 바꾸시오(답은 아래에)

④우-즈로-아(ㄱ)	③ㄹ리슈무(ㄱ)아테누-	②헤(ㅎ)에미인	①미이
⑧니글라타흐	⑦미이	⑥(ㄱ)알	⑤예호와흐
⑫웨카쇼레쉬	⑪레파나이우	⑩카이오-네끄	⑨와이아(ㄱ)알
⑯토(ㅎ)아르	⑮ㄹ로(ㅎ)	⑭찌이아흐	⑬메(ㅎ)에레쯔
⑳웨니르(ㅎ)에후-	⑲하다르	⑱웰로(ㅎ)	⑰ㄹ로-
㉔니브제흐	㉓웨네흠메데후-	㉒마르(ㅎ)에흐	㉑웰로(ㅎ)

①מִי ②הֶאֱמִין ③לִשְׁמֻעָתֵנוּ ④וּזְרוֹעַ ⑤יְהוָה ⑥עַל ⑦מִי ⑧נִגְלָתָה
⑨וַיַּעַל ⑩כַיּוֹנֵק ⑪לְפָנָיו ⑫וְכַשֹּׁרֶשׁ ⑬מֵאֶרֶץ ⑭צִיָּה ⑮לֹא ⑯תֹאַר ⑰לוֹ
⑱וְלֹא ⑲הָדָר ⑳וְנִרְאֵהוּ ㉑וְלֹא ㉒מַרְאֶה ㉓וְנֶחְמְדֵהוּ ㉔נִבְזֶה

㉘마크(ㅎ)오보-트	㉗(ㅎ)이이쉬	㉖(ㅎ)이이쉬임	㉕와학달
㉜우크마쓰테르	㉛파니임	㉚홐ㄹ리이	㉙위이두-아(ㄱ)
㊱학샤브누후-	㉟엘로(ㅎ)	㉞니브제흐	㉝밈멘누
㊵나샤(ㅎ)	㊴후-(ㅎ)	㊳홐ㄹ라예누-	㊲(ㅎ)아켄
㊹와(ㅎ)아나흐누-	㊸나구-아(ㄱ)	㊷세발람	㊶우마크(ㅎ)오베이누-
㊽우-ㅁ(ㄱ)운네흐	㊼뭌케흐	㊻(ㅎ)엘로히임	㊺학샤브누후-

㉕וחדל ㉖אישים ㉗איש ㉘מכאבות ㉙וידוע ㉚חלי ㉛פנים ㉜וכמשתר
㉝ממנו ㉞נבזה ㉟ולא ㊱חשבנהו ㊲אכן ㊳חלינו ㊴הוא ㊵נשא ㊶ומכאבינו
㊷סבלם ㊸נגוע ㊹ואנחנו ㊺חשבנהו ㊻אלהים ㊼מכה ㊽ומענה

130

(52)메닼카(ㅎ)	(51) 미프샤(ㄱ)에누-	㊿메홐랄	㊾웨후-(ㅎ)
(56)(ㄱ)알라이우	(55)셸로-메누-	(54)무-싸르	(53) 메(ㄱ)아오-노테이누-
(60)쿨라누-	(59)ㄹ라누-	(58)니르파	(57)우바핰부라토-
(64)ㄹ레다르코-	(63)(ㅎ)이이쉬	(62) 타(ㄱ)이이누	(61)캇쪼(ㅎ)은
(68)보-	(67) 히프기이아(ㄱ)	(66) 와이호와흐	(65)파니이누-
	(71)쿨라누	(70)(ㄱ)아온-	(69)(ㅎ)에트

שלומנו(55) מהסר(54) מעונתינו(53) מדכא(52) מפשענו(51) מחלל㊿ והוא㊾
איש(63) תעינו(62) כצאן(61) כלנו(60) לנו(59) נרף(58) ובחברתו(57) עליו(56)
כלנו(71) עון(70) את(69) בו(68) הפגיע(67) ויהוה(66) פנינו(65) לדרכו(64)

제4장
히브리어
300 단어
암기노트

14
2500번 이상 나오는 단어

단어	발음(음역)	품사	뜻
① וְ	웨	접속사	그리고
② הַ	하	관사	그
③ לְ	ㄹ레	전치사	~를 위하여 ~에 의하여
④ בְּ	베	전치사	~안에
⑤ אֵת	(ㅎ)에트	조사	~를
⑥ מִן	민	전치사	~로 부터
⑦ עַל	(ㄱ)알	전치사	~위에
⑧ אֶל	(ㅎ)엘	전치사	~에게로(to)
⑨ אֲשֶׁר	(ㅎ)아셰르	관계대명사	who, who, that, where등
⑩ כֹּל	콜	형용사	모든

단어	발음(음역)	품사	뜻
⑪ אָמַר	(ㅎ)아마르	동사	말하다 (대화하다)
⑫ לֹא	로(ㅎ)	부사	아니다(not)
⑬ בֵּן	벤	명사	아들
⑭ כִּי	키이	접속사	왜냐하면
⑮ הָיָה	하야ㅎ	동사	있다(존재하다)
⑯ כְּ	케	전치사	~처럼
⑰ עָשָׂה	(ㄱ)아사ㅎ	동사	만들다 일하다
⑱ אֱלֹהִים	(ㅎ)엘로히임	명사	하나님
⑲ בּוֹא	보-(ㅎ)	동사	오다(come)
⑳ מֶלֶךְ	멜레크	명사	왕

135

연습문제(1)

아래 히브리어를 읽고 음역한 후 뜻을 기록하시오_(답은 앞 페이지에)

단어	발음(음역)	뜻
① וְ		
② הַ		
③ לְ		
④ בְּ		
⑤ אֶת		
⑥ מִן		
⑦ עַל		
⑧ אֶל		
⑨ אֲשֶׁר		
⑩ כֹּל		

136

단어	발음(음역)	뜻
⑪אָמַר		
⑫לֹא		
⑬בֵּן		
⑭כִּי		
⑮הָיָה		
⑯כְּ		
⑰עָשָׂה		
⑱אֱלֹהִים		
⑲בּוֹא		
⑳מֶלֶךְ		

연습문제(2)

아래 음역을 히브리어로 쓰고 뜻을 기록하시오(답은 아래에)

(히브리어를 쓸 때에는 자음만 기록하면 됨)

발음(음역)	히브리어	뜻
① 웨		
② 하		
③ 뜨레		
④ 베		
⑤ (ㅎ)에트		
⑥ 민		
⑦ (ㄱ)알		
⑧ (ㅎ)엘		
⑨ (ㅎ)아셰르		
⑩ 콜		

① וְ(그리고) ② הַ(그) ③ לְ(~를 위하여) ④ בְּ(~안에) ⑤ אֵת(~를) ⑥ מִן(~로부터)
⑦ עַל(~위에) ⑧ אֶל(~에게로) ⑨ אֲשֶׁר(관계대명사) ⑩ כֹּל(모든)

발음(음역)	히브리어	뜻
⑪ (ㅎ)아마르		
⑫ 로(ㅎ)		
⑬ 벤		
⑭ 키ᵢ		
⑮ 하야ㅎ		
⑯ 케		
⑰ (ㄱ)아사ㅎ		
⑱ (ㅎ)엘로히임		
⑲ 보-(ㅎ)		
⑳ 멜ᵛ레크		

⑪ אמר(말하다) ⑫ לא(아니다not) ⑬ בן(아들) ⑭ כי(왜냐하면) ⑮ היה(있다)
⑯ כ(~처럼) ⑰ עשה(만들다) ⑱ אלהים(하나님) ⑲ בוא(오다) ⑳ מלך(왕)

15
1000번 이상 나오는 단어

단어	발음(음역)	품사	뜻
① אֶרֶץ	(ㅎ)에레쯔	명사	땅
② יוֹם	욤-	명사	날/낮(day)
③ אִישׁ	(ㅎ)이이쉬	명사	남자/남편
④ פָּנִים	파니임	명사	얼굴
⑤ בַּיִת	바이이트	명사	집
⑥ נָתַן	나탄	동사	주다
⑦ עַם	(ㄱ)암	명사	백성
⑧ יָד	야드	명사	손
⑨ הָלַךְ	할라크	동사	걷다
⑩ דָּבָר	다바르	명사	말씀

단어	발음(음역)	품사	뜻
⑪הוּא	후-(ㅎ)	인칭대명사	그(he)
⑫רָאָה	라(ㅎ)아흐	동사	보다(see)
⑬עַד	(ㄱ)아드	전치사	~까지
⑭אָב	(ㅎ)아브	명사	아버지
⑮זֶה	제흐	지시대명사	이것
⑯שָׁמַע	샤마(ㄱ)	동사	듣다
⑰דָּבַר	다바르	동사	말하다 (연설하다)
⑱יָשֵׁב	야샤브	동사	앉다
⑲עִיר	(ㄱ)이이르	명사	성/도시(city)
⑳יָצָא	야짜(ㅎ)	동사	나가다

연습문제(1)

아래 히브리어를 읽고 음역한 후 뜻을 기록하시오(답은 앞 페이지에)

단어	발음(음역)	뜻
① אֶרֶץ		
② יוֹם		
③ אִישׁ		
④ פָּנִים		
⑤ בַּיִת		
⑥ נָתַן		
⑦ עַם		
⑧ יָד		
⑨ הָלַךְ		
⑩ דָּבָר		

142

단어	발음(음역)	뜻
⑪הוּא		
⑫רָאָה		
⑬עַד		
⑭אָב		
⑮זֶה		
⑯שָׁמַע		
⑰דָּבַר		
⑱יָשַׁב		
⑲עִיר		
⑳יָצָא		

아래 음역을 히브리어로 쓰고 뜻을 기록하시오(답은 아래에)
(히브리어를 쓸 때에는 자음만 기록하면 됨)

발음(음역)	히브리어	뜻
①(ㅎ)에레쯔		
②욤-		
③(ㅎ)이이쉬		
④파니임		
⑤바이이트		
⑥나탄		
⑦(ㄱ)암		
⑧야드		
⑨할라크		
⑩다바르		

①אֶרֶץ(땅) ②יוֹם(날/낮) ③אִישׁ(남자/남편) ④פָּנִים(얼굴) ⑤בַיִת(집)
⑥נָתַן(주다) ⑦עַם(백성) ⑧יָד(손) ⑨הָלַךְ(걷다) ⑩דָּבָר(말씀)

발음(음역)	히브리어	뜻
⑪후-(ㅎ)		
⑫라(ㅎ)아흐		
⑬(ㄱ)아드		
⑭(ㅎ)아브		
⑮제흐		
⑯샤마(ㄱ)		
⑰다바르		
⑱야샤브		
⑲(ㄱ)이이르		
⑳야짜(ㅎ)		

⑪הוא(그he) ⑫ראה(보다see)⑬עד(~까지) ⑭אב(아버지) ⑮זה(이것)
⑯שמע(듣다) ⑰דבר(말하다speak) ⑱ישב(앉다) ⑲עיר(성/도시) ⑳יצא(나가다)

16
800번 이상 나오는 단어

단어	발음(음역)	품사	뜻
①שׁוּב	슈-브	동사	돌아서다 돌아가다
②אִם	(ㅎ)임	접속사	만일
③הִנֵּה	힌네흐	감탄사	자! 보라!
④עִם	(ㄱ)임	전치사	~옆에
⑤אֶחָד	(ㅎ)에핟드	숫자	1(하나)
⑥לָקַח	ㄹ라까흑	동사	붙들다
⑦יָדַע	야다(ㄱ)	동사	알다
⑧עַיִן	(ㄱ)아이인	명사	눈(eye)
⑨עָלָה	(ㄱ)알라흐	동사	올라가다
⑩אֵת	(ㅎ)에트	전치사	~와 함께

단어	발음(음역)	품사	뜻
⑪ שָׁנָה	샤나흐	명사	해/년(year)
⑫ אֲנִי	(ㅎ)아니이	대명사	나(I)
⑬ שֵׁם	셈	명사	이름
⑭ לֵב	레브	명사	마음
⑮ שָׁלַח	샬라흐	동사	보내다
⑯ מוּת	무-트	동사	죽다
⑰ שָׁם	샴	부사	거기(there)
⑱ אָכַל	(ㅎ)아칼	동사	먹다
⑲ עֶבֶד	(ㄱ)에베드	명사	종/하인
⑳ אַיִן	(ㅎ)아이인	부사	~가 없다

연습문제(1)

아래 히브리어를 읽고 음역한 후 뜻을 기록하시오(답은 앞 페이지에)

단어	발음(음역)	뜻
①שׁוּב		
②אִם		
③הִנֵּה		
④עִם		
⑤אֶחָד		
⑥לָקַח		
⑦יָדַע		
⑧עֵין		
⑨עָלָה		
⑩אֶת		

148

단어	발음(음역)	뜻
⑪שָׁנָה		
⑫אֲנִי		
⑬שֵׁם		
⑭לֵב		
⑮שָׁלַח		
⑯מוּת		
⑰שָׁם		
⑱אָכַל		
⑲עֶבֶד		
⑳אַיִן		

연습문제(2)

아래 음역을 히브리어로 쓰고 뜻을 기록하시오(답은 아래에)

(히브리어를 쓸 때에는 자음만 기록하면 됨)

발음(음역)	히브리어	뜻
①슈-ㅂ		
②(ㅎ)임		
③한네ㅎ		
④(ㄱ)임		
⑤(ㅎ)에핟드		
⑥ㄹ라까ㅎ		
⑦야다(ㄱ)		
⑧(ㄱ)아이인		
⑨(ㄱ)알라ㅎ		
⑩(ㅎ)에트		

①שׁוּב(돌아서다) ②אִם(만일) ③הִנֵּה(보라!) ④עִם(~옆에) ⑤אֶחָד(하나)
⑥לָקַח(붙들다) ⑦יָדַע(알다) ⑧עַיִן(눈) ⑨עָלָה(올라가다) ⑩אֵת(~와 함께)

150

발음(음역)	히브리어	뜻
⑪샤나ㅎ		
⑫(ㅎ)아니이		
⑬셈		
⑭ㄹ레브		
⑮샬라ㅎ		
⑯무-ㅌ		
⑰샴		
⑱(ㅎ)아칼		
⑲(ㄱ)에ˇ베드		
⑳(ㅎ)아ˇ이인		

⑪שנה(해/년) ⑫אני(나) ⑬שם(이름) ⑭לב(마음) ⑮שלח(보내다)
⑯מות(죽다) ⑰שם(거기) ⑱אכל(먹다) ⑲עבד(종) ⑳אין(~가 없다)

151

17
600번 이상 나오는 단어

단어	발음(음역)	품사	뜻
① אִשָּׁה	(ㅎ)잇샤흐	명사	여자/아내
② אָדוֹן	(ㅎ)아돈-	명사	주님/주인
③ גַּם	감	부사	또한
④ שְׁנַיִם	셰나이임	숫자	2(둘)
⑤ נֶפֶשׁ	네페쉬	명사	혼
⑥ כֹּהֵן	코헨	명사	제사장
⑦ אַתָּה	(ㅎ)앝타흐	인칭대명사	너(you)
⑧ אֵלֶּה	(ㅎ)엘레흐	지시대명사	이것들
⑨ כֵּן	켄	부사	그래서
⑩ קָרָא	까라(ㅎ)	동사	부르다

단어	발음(음역)	품사	뜻
⑪ אַל	(ㅎ)알	부사	아니다(not)
⑫ אַחֲרֵי	(ㅎ)아할레이	부사	후에/뒤에
⑬ דֶּרֶךְ	데레크	명사	길
⑭ הֲ	하	의문사	물음표(?)
⑮ נָשָׂא	나사(ㅎ)	동사	들어올리다
⑯ אָח	(ㅎ)아흐	명사	형제
⑰ קוּם	꿈-	동사	일어서다
⑱ שָׁלֹשׁ	샬로쉬	접속사	3(셋)
⑲ זֹאת	조(ㅎ)트	지시대명사	이것
⑳ רֹאשׁ	로(ㅎ)쉬	명사	머리

아래 히브리어를 읽고 음역한 후 뜻을 기록하시오(답은 앞 페이지에)

단어	발음(음역)	뜻
①אִשָּׁה		
②אָדוֹן		
③גַּם		
④שְׁנַיִם		
⑤נֶפֶשׁ		
⑥כֹּהֵן		
⑦אַתָּה		
⑧אֵלֶּה		
⑨כֵּן		
⑩קָרָא		

단어	발음(음역)	뜻
⑪ אֶל		
⑫ אַחֲרֵי		
⑬ דֶּרֶךְ		
⑭ הַ		
⑮ נָשָׂא		
⑯ אָח		
⑰ קוּם		
⑱ שָׁלֹשׁ		
⑲ זֹאת		
⑳ רֹאשׁ		

연습문제(2)

아래 음역을 히브리어로 쓰고 뜻을 기록하시오(답은 아래에)
(히브리어를 쓸 때에는 자음만 기록하면 됨)

발음(음역)	히브리어	뜻
①(ㅎ)잇샤흐		
②(ㅎ)아돈-		
③감		
④셰나이임		
⑤네페쉬		
⑥코헨		
⑦(ㅎ)알타흐		
⑧(ㅎ)엘레흐		
⑨켄		
⑩까라(ㅎ)		

①אִשָּׁה(여자/아내) ②אָדוֹן(주/주인) ③גַם(또한) ④שְׁנַיִם(둘/2) ⑤נֶפֶשׁ(혼)
⑥כֹּהֵן(제사장) ⑦אַתָּה(너/당신) ⑧אֵלֶּה(이것들) ⑨כֵּן(그래서) ⑩קָרָא(부르다)

156

발음(음역)	히브리어	뜻
⑪(ㅎ)알		
⑫(ㅎ)아하레이		
⑬데레크		
⑭하		
⑮나사(ㅎ)		
⑯(ㅎ)아흐		
⑰꿈-		
⑱샬로쉬		
⑲조(ㅎ)트		
⑳로(ㅎ)쉬		

⑪אל(아니다not) ⑫אחרי(후에/뒤에) ⑬דרך(길) ⑭ה(물음표) ⑮נשא(들어올리다)
⑯אח(형제) ⑰קום(일어서다) ⑱שלש(셋3) ⑲זאת(이것) ⑳ראש(머리)

157

18
500번 이상 나오는 단어

단어	발음(음역)	품사	뜻
① שִׂים	시임	동사	놓다/두다
② בַּת	바트	명사	딸
③ מֵאָה	메(ㅎ)아흐	숫자	100(백)
④ מַיִם	마이임	명사	물
⑤ כֹּה	코흐	부사	그래서 여기에
⑥ מָה	마흐	의문사	무엇(what)
⑦ גּוֹי	고-이	명사	백성
⑧ הֵם	헴	인칭대명사	그들(they)
⑨ הַר	하르	명사	산
⑩ עָבַר	(ㄱ)아바르	동사	지나가다

단어	발음(음역)	품사	뜻
⑪אָדָם	(ㅎ)아담	명사	아담/사람
⑫טוב	또-ㅂ	형용사	좋은/선한
⑬גָּדוֹל	가돌-	형용사	큰
⑭עָמַד	(ㄱ)아마드	동사	서있다
⑮תַּחַת	타핱트	전치사	~아래
⑯חָמֵשׁ	함메쉬	숫자	5(다섯)
⑰קוֹל	꼴-	명사	목소리
⑱נָכָה	나카ㅎ	동사	때리다/치다
⑲יָלַד	얄라드	동사	낳다
⑳פֶּה	페ㅎ	명사	입

연습문제(1)

아래 히브리어를 읽고 음역한 후 뜻을 기록하시오(답은 앞 페이지에)

단어	발음(음역)	뜻
①שִׂים		
②בַּת		
③מֵאָה		
④מַיִם		
⑤כֹּה		
⑥מָה		
⑦גּוֹי		
⑧הֵם		
⑨הַר		
⑩עֶבֶד		

단어	발음(음역)	뜻
⑪ אָדָם		
⑫ טוֹב		
⑬ גָּדוֹל		
⑭ עָמַד		
⑮ תַּחַת		
⑯ חָמֵשׁ		
⑰ קוֹל		
⑱ נָכָה		
⑲ יָלַד		
⑳ פֶּה		

연습문제(2)

아래 음역을 히브리어로 쓰고 뜻을 기록하시오(답은 아래에)
(히브리어를 쓸 때에는 자음만 기록하면 됨)

발음(음역)	히브리어	뜻
①시임		
②바트		
③메(ㅎ)아흐		
④마이임		
⑤코흐		
⑥마흐		
⑦고-이		
⑧헴		
⑨하르		
⑩(ㄱ)아바르		

①שׂים(놓다) ②בת(딸) ③מאה(백100) ④מים(물) ⑤כה(그래서)
⑥מה(무엇) ⑦גוי(백성) ⑧הם(그들they) ⑨הר(산) ⑩עבר(지나가다)

162

발음(음역)	히브리어	뜻
⑪(ㅎ)아담		
⑫또-ㅂ		
⑬가돌-		
⑭(ㄱ)아마드		
⑮타핳트		
⑯핳메쉬		
⑰꼴-		
⑱나카ㅎ		
⑲얄라드		
⑳페ㅎ		

⑪אדם(아담/사람) ⑫טוב(좋은/선한) ⑬גדול(큰) ⑭עמד(서있다) ⑮תחת(~아래)
⑯חמש(다섯5) ⑰קול(목소리) ⑱נכה(때리다) ⑲ילד(낳다) ⑳פה(입)

163

19
400번 이상 나오는 단어

단어	발음(음역)	품사	뜻
① אֶלֶף	(ㅎ)엘레프	숫자	1000(천)
② צָוָה	짜와흐	동사	명령하다
③ עֶשֶׂר	(ㄱ)에세르	숫자	10(열)
④ הִיא	히이(ㅎ)	인칭대명사	그녀(she)
⑤ עוֹד	(ㄱ)오-드	부사	다시/여전히
⑥ שֶׁבַע	셰바(ㄱ)	숫자	7(일곱)
⑦ צָבָא	짜바(ㅎ)	명사	무리/군대
⑧ קֹדֶשׁ	꼬데쉬	명사	거룩
⑨ שָׁמַר	샤마르	동사	지키다
⑩ מָצָא	마짜(ㅎ)	동사	발견하다

단어	발음(음역)	품사	뜻
⑪אַרְבַּע	(ㅎ)아르바(ㄱ)	숫자	4(넷)
⑫עוֹלָם	(ㄱ)올-람	부사	영원히
⑬נָפַל	나팔	동사	떨어지다
⑭עַתָּה	(ㄱ)앝타흐	부사	지금/이제
⑮מִשְׁפָּט	미쉬파뜨	명사	재판/의
⑯מִי	미이	의문대명사	누구(who)
⑰שַׂר	사르	명사	고관/통치자
⑱שָׁמַיִם	샤마이임	명사	하늘
⑲רַב	라브	형용사	많은/거대한
⑳חֶרֶב	헤레브	명사	칼/검

연습문제(1)

아래 히브리어를 읽고 음역한 후 뜻을 기록하시오(답은 앞 페이지에)

단어	발음(음역)	뜻
①אֶלֶף		
②צָוָה		
③עֶשֶׂר		
④הִיא		
⑤עוֹד		
⑥שֶׁבַע		
⑦צָבָא		
⑧קֹדֶשׁ		
⑨שָׁמַר		
⑩מָצָא		

단어	발음(음역)	뜻
⑪ אַרְבַּע		
⑫ עוֹלָם		
⑬ נָפַל		
⑭ עַתָּה		
⑮ מִשְׁפָּט		
⑯ מִי		
⑰ שַׂר		
⑱ שָׁמַיִם		
⑲ רַב		
⑳ חֶרֶב		

167

연습문제(2)

아래 음역을 히브리어로 쓰고 뜻을 기록하시오(답은 아래에)
(히브리어를 쓸 때에는 자음만 기록하면 됨)

발음(음역)	히브리어	뜻
①(ㅎ)엘레프		
②짜와흐		
③(ㄱ)에세르		
④히이(ㅎ)		
⑤(ㄱ)오-드		
⑥셰바(ㄱ)		
⑦짜바(ㅎ)		
⑧꼬데쉬		
⑨샤마르		
⑩마짜(ㅎ)		

①אלף(천1000) ②צוה(명령하다) ③עשר(열10) ④היא(그녀) ⑤עוד(다시)
⑥שבע(일곱7) ⑦צבא(무리/군대) ⑧קדש(거룩) ⑨שמר(지키다) ⑩מצא(발견하다)

168

발음(음역)	히브리어	뜻
⑪(ㅎ)아르바(ㄱ)		
⑫(ㄱ)올-람		
⑬나팔		
⑭(ㄱ)앝타흐		
⑮미쉬파뜨		
⑯미이		
⑰사르		
⑱샤마이임		
⑲라브		
⑳헬레브		

⑪אַרְבַּע(넷4) ⑫עוֹלָם(영원히) ⑬נָפַל(떨어지다) ⑭עַתָּה(지금) ⑮מִשְׁפָּט
(재판/의) ⑯מִי(누구) ⑰שַׂר(고관) ⑱שָׁמַיִם(하늘) ⑲רַב(거대한) ⑳חֶרֶב(칼)

20
350번 이상 나오는 단어

단어	발음(음역)	품사	뜻
① בֵּין	베인	전치사	~사이에
② נָא	나(ㅎ)	부사	제발 확실히
③ כֶּסֶף	케쎄프	명사	은/돈
④ מִזְבֵּחַ	미ㅈ베아흑	명사	제단
⑤ מָקוֹם	마꼼-	명사	장소/곳
⑥ יָם	얌	명사	바다
⑦ זָהָד	자하드	명사	금
⑧ יָרַד	야라드	동사	내려가다
⑨ רוּחַ	루-아흑	명사	영(spirit) 바람
⑩ בָּנָה	바나흐	동사	건설하다/짓다

단어	발음(음역)	품사	뜻
⑪ אֵשׁ	(ㅎ)에쉬	명사	불
⑫ נְאֻם	네(ㅎ)움	명사	말/발언
⑬ שַׁעַר	샤(ㄱ)아르	명사	문
⑭ נָגַד	나가드	동사	말하다 (tell)
⑮ דָּם	담	명사	피
⑯ אָנֹכִי	(ㅎ)아노키이	인칭대명사	나(I)
⑰ רָעָה	라(ㄱ)아흐	명사	악
⑱ מֶלֶךְ	말라크	동사	왕이 되다
⑲ אֹהֶל	(ㅎ)오헬	명사	장막
⑳ לֶחֶם	ㄹ레헴ㅁ	명사	빵/음식

171

연습문제(1)

아래 히브리어를 읽고 음역한 후 뜻을 기록하시오(답은 앞 페이지에)

단어	발음(음역)	뜻
① בֵּין		
② נָא		
③ כֶּסֶף		
④ מִזְבֵּחַ		
⑤ מָקוֹם		
⑥ יָם		
⑦ זָהָר		
⑧ יָרַד		
⑨ רוּחַ		
⑩ בָּנָה		

단어	발음(음역)	뜻
⑪אֵשׁ		
⑫נְאֻם		
⑬שַׁעַר		
⑭נֶגֶד		
⑮דָּם		
⑯אָנֹכִי		
⑰רָעָה		
⑱מֶלֶךְ		
⑲אֹהֶל		
⑳לֶחֶם		

아래 음역을 히브리어로 쓰고 뜻을 기록하시오(답은 밑부분에)
(히브리어를 쓸 때에는 자음만 기록하면 됨)

발음(음역)	히브리어	뜻
①베인		
②나(ㅎ)		
③케쎄프		
④미ㅈ베아흨		
⑤마꼼-		
⑥얌		
⑦자하드		
⑧야라드		
⑨루-아흨		
⑩바나흐		

①בין (~사이에) ②נא (제발) ③כסף (은/돈) ④מזבח (제단) ⑤מקום (장소)
⑥ים (바다) ⑦זהב (금) ⑧ירד (내려가다) ⑨רוח (영/바람) ⑩בנה (짓다build)

발음(음역)	히브리어	뜻
⑪(ㅎ)에쉬		
⑫네(ㅎ)움		
⑬샤(ㄱ)아르		
⑭나가드		
⑮담		
⑯(ㅎ)아노키ㅇ		
⑰라(ㄱ)아흐		
⑱말라크		
⑲(ㅎ)오헬		
⑳ㄹ레헴ㅁ		

⑪אֵשׁ(불) ⑫נְאֻם(발언) ⑬שַׁעַר(문) ⑭נָגַד(말하다) ⑮דָּם(피)
⑯אָנֹכִי(나) ⑰רָעַה(악) ⑱מָלַךְ(왕이 되다) ⑲אֹהֶל(장막) ⑳לֶחֶם(빵)

21
300번 이상 나오는 단어

단어	발음(음역)	품사	뜻
① סָבִיב	싸비이브	명사	둘레
② עֶשֶׂר	(ㄱ)아사르	숫자	10(열)
③ עֵץ	(ㄱ)에쯔	명사	나무
④ שָׂדֶה	사데ㅎ	명사	들/목초지
⑤ בָּרַךְ	바라크	형용사	복있는
⑥ כְּלִי	켈리이	명사	그릇
⑦ אוֹ	(ㅎ)오-	접속사	또는
⑧ בְּתוֹךְ	베토-크	전치사	~가운데
⑨ מִלְחָמָה	밀르학마ㅎ	명사	전쟁
⑩ יָרֵא	야레(ㅎ)	동사	두려워하다

단어	발음(음역)	품사	뜻
⑪נָבִיא	나비이(ㅎ)	명사	선지자
⑫עָנָה	(ㄱ)아나흐	동사	대답하다
⑬רַע	라(ㄱ)	형용사	나쁜
⑭מִשְׁפָּחָה	미쉬파하흐	명사	가족
⑮פָּקַד	파까드	동사	방문하다
⑯מְאֹד	메(ㅎ)오드	부사	매우
⑰חַטָּאת	할따(ㅎ)트	명사	죄
⑱סוּר	쑤-르	동사	벗어나다 떠나다
⑲עֵת	(ㄱ)에트	명사	때/시간
⑳חָזַק	학자ㄲ	상태동사	강하다

연습문제(1)

아래 히브리어를 읽고 음역한 후 뜻을 기록하시오(답은 앞 페이지에)

단어	발음(음역)	뜻
①סָבִיב		
②עָשָׂר		
③עֵץ		
④שָׂדֶה		
⑤בָּרַךְ		
⑥כְּלִי		
⑦אוֹ		
⑧בְּתוֹךְ		
⑨מִלְחָמָה		
⑩יָרֵא		

178

단어	발음(음역)	뜻
⑪נָבִיא		
⑫עָנָה		
⑬רַע		
⑭מִשְׁפָּחָה		
⑮פָּקַד		
⑯מְאֹד		
⑰חַטָּאת		
⑱סוּר		
⑲עֵת		
⑳חָזַק		

179

연습문제(2)

아래 음역을 히브리어로 쓰고 뜻을 기록하시오(답은 밑부분에)

(히브리어를 쓸 때에는 자음만 기록하면 됨)

발음(음역)	히브리어	뜻
① 싸비이브		
②(ㄱ)아사르		
③(ㄱ)에쯔		
④사데흐		
⑤바라크		
⑥켈리이		
⑦(ㅎ)오-		
⑧베토-크		
⑨밀르학마흐		
⑩야레(ㅎ)		

①סביב(둘레) ②עשר(열10) ③עץ(나무) ④שדה(들/목초지) ⑤ברך(복있는)
⑥כלי(그릇) ⑦או(또는) ⑧בתוך(~가운데) ⑨מלחמה(전쟁) ⑩ירא(두려워하다)

180

발음(음역)	히브리어	뜻
⑪나비이(ㅎ)		
⑫(ㄱ)아나흐		
⑬라(ㄱ)		
⑭미쉬파홗흐		
⑮파까드		
⑯메(ㅎ)오드		
⑰핱따(ㅎ)트		
⑱쑤-르		
⑲(ㄱ)에트		
⑳핳자ㄲ		

⑪נָבִיא(선지자) ⑫עָנָה(대답하다) ⑬רַע(나쁜) ⑭מִשְׁפָּחָה(가족)
⑮פָּקַד(방문하다) ⑯מְאֹד(매우) ⑰חַטָּאת(죄) ⑱סוּר(벗어나다)
⑲עֵת(때/시간) ⑳חָזַק(강하다)

22
250번 이상 나오는 단어

단어	발음(음역)	품사	뜻
①כָּרַת	카라트	동사	자르다
②עָבַד	(ㄱ)아바드	동사	일하다 섬기다
③בְּרִית	베리이트	명사	언약
④עֹלָה	(ㄱ)올라흐	명사	번제
⑤אֹיֵב	(ㅎ)오예브	명사	적
⑥אַתֶּם	(ㅎ)앝템	인칭대명사	너희
⑦חֹדֶשׁ	홑데쉬	명사	달(moon)
⑧חָיָה	학야흐	동사	살다 살아있다
⑨קָרַב	까라브	동사	다가가다
⑩אַף	(ㅎ)아프	명사	코/콧구멍

단어	발음(음역)	품사	뜻
⑪אֶבֶן	^v(ㅎ)에벤	명사	돌
⑫צֹאן	쪼(ㅎ)은	명사	가축떼
⑬שֵׁשׁ	셰쉬	숫자	6(여섯)
⑭לְמַעַן	ㄹ레마(ㄱ)안	접속사	~하기위하여
⑮בָּשָׂר	바사르	명사	살점/육신
⑯מִדְבָּר	미드바르	명사	광야
⑰רָשָׁע	라샤(ㄱ)	형용사	사악한
⑱חַי	학이	형용사	살아있는
⑲מַטֶּה	맡떼흐	명사	지팡이
⑳מָלֵא	말레(ㅎ)	상태동사	가득차다

183

아래 히브리어를 읽고 음역한 후 뜻을 기록하시오(답은 앞 페이지에)

단어	발음(음역)	뜻
①כָּרַת		
②עָבַד		
③בְּרִית		
④עָלָה		
⑤אֹיֵב		
⑥אַתֶּם		
⑦חֹדֶשׁ		
⑧חָיָה		
⑨קָרַב		
⑩אַף		

단어	발음(음역)	뜻
⑪ אֶבֶן		
⑫ צֹאן		
⑬ שֵׁשׁ		
⑭ לְמַעַן		
⑮ בָּשָׂר		
⑯ מִדְבָּר		
⑰ רָשָׁע		
⑱ חַי		
⑲ מַטֶּה		
⑳ מָלֵא		

185

연습문제(2)

아래 음역을 히브리어로 쓰고 뜻을 기록하시오(답은 밑부분에)
(히브리어를 쓸 때에는 자음만 기록하면 됨)

발음(음역)	히브리어	뜻
①카라트		
②(ㄱ)아바드		
③베리이트		
④(ㄱ)올라흐		
⑤(ㅎ)오예브		
⑥(ㅎ)앝템		
⑦홐데쉬		
⑧핰야흐		
⑨까라브		
⑩(ㅎ)아프		

①כרת(자르다) ②עבד(섬기다) ③ברית(언약) ④עלה(번제) ⑤איב(적)
⑥אתם(너희) ⑦חדש(달) ⑧היה(살아있다) ⑨קרב(다가가다) ⑩אף(코)

186

발음(음역)	히브리어	뜻
⑪(ㅎ)에^v벤		
⑫쪼(ㅎ)은		
⑬셰쉬		
⑭ㄹ레마안		
⑮바사ㄹ		
⑯미드바ㄹ		
⑰라샤(ㄱ)		
⑱학이		
⑲맡떼ㅎ		
⑳말레(ㅎ)		

⑪אֶבֶן(돌) ⑫צֹאן(가축떼) ⑬שֵׁשׁ(여섯6) ⑭לְמַעַן(~하기위하여)
⑮בָּשָׂר(살/육신) ⑯מִדְבָּר(광야) ⑰רָשָׁע(사악한) ⑱חַי(살아있는)
⑲מַטֶּה(지팡이) ⑳מָלֵא(가득차다)

187

23
220번 이상 나오는 단어

단어	발음(음역)	품사	뜻
① גְּבוּל	게불-	명사	경계선/영역
② רֶגֶל	레겔	명사	발
③ אַמָּה	(ㅎ)암마흐	명사	규빗
④ חֶסֶד	헥쎄드	명사	신실함
⑤ חַיִל	학이일	명사	힘
⑥ חָטָא	학따(ㅎ)	동사	실수하다 죄짓다
⑦ נַעַר	나(ㄱ)아르	명사	소년
⑧ אֵל	(ㅎ)엘	명사	신(god)
⑨ שָׁלוֹם	샬롬-	명사	평화
⑩ זָכַר	자카르	동사	기억하다

단어	발음(음역)	품사	뜻
⑪ מַעֲשֶׂה	마(ㄱ)아세흐	명사	일/작업
⑫ לַיְלָה	라이을라흐	명사	밤
⑬ עָוֹן	(ㄱ)아온-	명사	죄/삐뚤어짐
⑭ יָרַשׁ	야라쉬	동사	상속받다
⑮ זֶרַע	제라(ㄱ)	명사	씨
⑯ רָבָה	라바흐	상태동사	많다
⑰ קֶרֶב	께레브	명사	중심부
⑱ בָּקַשׁ	바까쉬	동사	추구하다 찾다
⑲ כָּתַב	카타브	동사	기록하다 쓰다
⑳ מוֹעֵד	모-(ㄱ)에드	상태동사	정해진 장소 또는 만남

189

연습문제(1)

아래 히브리어를 읽고 음역한 후 뜻을 기록하시오_(답은 앞 페이지에)

단어	발음(음역)	뜻
① גְּבוּל		
② רֶגֶל		
③ אָמָה		
④ חֶסֶד		
⑤ חַיִל		
⑥ חֵטְא		
⑦ נַעַר		
⑧ אֵל		
⑨ שָׁלוֹם		
⑩ זָכַר		

190

단어	발음(음역)	뜻
⑪ מַעֲשֶׂה		
⑫ לַיְלָה		
⑬ עָוֹן		
⑭ יָרַשׁ		
⑮ זֶרַע		
⑯ רָבָה		
⑰ קָרֵב		
⑱ בָּקַשׁ		
⑲ כָּתַב		
⑳ מוֹעֵד		

연습문제(2)

아래 음역을 히브리어로 <u>쓰고</u> 뜻을 기록하시오(답은 밑부분에)
(히브리어를 쓸 때에는 자음만 기록하면 됨)

발음(음역)	히브리어	뜻
①게불-		
②레겔		
③(ㅎ)암마ㅎ		
④헥쎄드		
⑤학이일		
⑥학따(ㅎ)		
⑦나(ㄱ)아르		
⑧(ㅎ)엘		
⑨샬롬-		
⑩자카르		

①גבול(영역) ②רגל(발) ③אמה(규빗) ④חסד(신실함) ⑤חיל(힘)
⑥חטא(실수하다/죄짓다) ⑦נער(소년) ⑧אל(신god) ⑨שלום(평화)
⑩זכר(기억하다)

발음(음역)	히브리어	뜻
⑪마(ㄱ)아세흐		
⑫라이을라흐		
⑬(ㄱ)아온-		
⑭야라쉬		
⑮제라(ㄱ)		
⑯라바흐		
⑰께레브		
⑱바까쉬		
⑲카타브		
⑳모-(ㄱ)에드		

⑪מעשה(일) ⑫לילה(밤) ⑬עון(비뚤어짐/죄) ⑭ירש(상속받다)
⑮זרע(씨) ⑯רבה(많다) ⑰קרב(중심부) ⑱בקש(추구하다/찾다)
⑲כתב(기록하다/쓰다) ⑳מועד(정해진 장소/만남)

193

24
200번 이상 나오는 단어

단어	발음(음역)	품사	뜻
① תּוֹרָה	토-라흐	명사	가르침
② אֲדָמָה	(ㅎ)아다마흐	명사	지면/흙
③ נַחֲלָה	나할ㄹ라흐	명사	기업/소유
④ אֵם	(ㅎ)엠	명사	어머니
⑤ כּוּן	쿤-	동사	세우다
⑥ אָהַב	(ㅎ)아하브	동사	사랑하다
⑦ שָׁתָה	샤타흐	동사	마시다
⑧ בֶּגֶד	베게드	명사	옷/의복
⑨ נָטָה	나따흐	동사	펼치다
⑩ מַחֲנֶה	마할네흐	명사	진/군대

단어	발음(음역)	품사	뜻
⑪ עָזַב	(ㄱ)아자브	동사	떠나다
⑫ בֹּקֶר	보께르	명사	아침
⑬ יָסַף	야싸프	동사	더하다 다시하다
⑭ מַלְאָךְ	말르(ㅎ)아크	명사	사신/천사
⑮ נָצַל	나짤	동사	구출하다
⑯ שָׁכֵב	샤카브	동사	눕다
⑰ מִנְחָה	미느학ㅎ	명사	헌물/소제
⑱ כָּלָה	칼라ㅎ	동사	끝내다
⑲ צֶדֶק	짠디ㄲ	형용사	의로운/공정한
⑳ יָשַׁע	야샤(ㄱ)	동사	구원받다 도움받다

연습문제(1)

아래 히브리어를 읽고 음역한 후 뜻을 기록하시오(답은 앞 페이지에)

단어	발음(음역)	뜻
①תּוֹרָה		
②אֲדָמָה		
③נַחֲלָה		
④אֵם		
⑤כּוּן		
⑥אָהַב		
⑦שָׁתָה		
⑧בֶּגֶד		
⑨נָטָה		
⑩מַחֲנֶה		

196

단어	발음(음역)	뜻
⑪עֲזַב		
⑫בְּקַר		
⑬יָסַף		
⑭מַלְאָךְ		
⑮נָצַל		
⑯שָׁכַב		
⑰מִנְחָה		
⑱כָּלָה		
⑲צֶדֶק		
⑳יֵשַׁע		

연습문제(2)

아래 음역을 히브리어로 쓰고 뜻을 기록하시오(답은 밑부분에)
(히브리어를 쓸 때에는 자음만 기록하면 됨)

발음(음역)	히브리어	뜻
①토-라ㅎ		
②(ㅎ)아다마ㅎ		
③나학ㄹ라ㅎ		
④(ㅎ)엠		
⑤쿤		
⑥아하브		
⑦샤타ㅎ		
⑧베게드		
⑨나따ㅎ		
⑩마학네ㅎ		

① תורה(가르침) ② אדמה(지면/흙) ③ נחלה(기업/소유) ④ אם(어머니)
⑤ כון(세우다) ⑥ אהב(사랑하다) ⑦ שתה(마시다) ⑧ בגד(옷/의복)
⑨ נטה(펼치다) ⑩ מחנה(군대/진영)

198

발음(음역)	히브리어	뜻
⑪(ㄱ)아자브		
⑫보께르		
⑬야싸프		
⑭말르(ㅎ)아크		
⑮나짤		
⑯샤카브		
⑰미느학ㅎ		
⑱칼라ㅎ		
⑲짠디ㅍ		
⑳야샤(ㄱ)		

⑪עזב(떠나다) ⑫בקר(아침) ⑬יסף(더하다) ⑭מלאך(사신/천사)
⑮נצל(구출하다) ⑯שכב(눕다) ⑰מנחה(헌물/소제) ⑱כלה(끝내다)
⑲צדק(의로운/공정한) ⑳ישע(구원받다/도움받다)

199

25
180번 이상 나오는 단어

단어	발음(음역)	품사	뜻
① שָׁפַט	샤파뜨	동사	재판하다
② אֲרוֹן	(ㅎ)아론-	명사	궤/상자
③ אָסַף	(ㅎ)아싸프	동사	모이다
④ כָּבוֹד	카보-드	명사	영광
⑤ רוּם	룸-	동사	오르다
⑥ כַּף	카프	명사	손바닥
⑦ יָכֹל	야콜	동사	할 수 있다
⑧ שֶׁמֶן	셰멘	명사	기름
⑨ חָצֵר	학쩨르	명사	뜰
⑩ סֵפֶר	쎄페르	명사	두루마리

단어	발음(음역)	품사	뜻
⑪בְּהֵמָה	베헤마ㅎ	명사	짐승
⑫שֵׁבֶט	셰베뜨	명사	지팡이
⑬אֹזֶן	(ㅎ)오젠ˇ	명사	귀
⑭רֵעַ	레(ㄱ)아	명사	친구/동료
⑮גָּלָה	갈라ㅎ	동사	드러내다 계시하다
⑯שָׁבַע	샤바(ㄱ)	동사	맹세하다
⑰אָבַד	(ㅎ)아바드	동사	멸망하다
⑱מִצְוָה	미쯔와ㅎ	명사	계명
⑲בָּקָר	바까르	명사	가축
⑳רִאשׁוֹן	리(ㅎ)숀-	형용사	첫 번째 이전의

연습문제(1)

아래 히브리어를 읽고 음역한 후 뜻을 기록하시오_(답은 앞 페이지에)

단어	발음(음역)	뜻
①שָׁפַט		
②אָרוֹן		
③אָסַף		
④כָּבוֹד		
⑤רוּם		
⑥כַּף		
⑦יָכֹל		
⑧שֶׁמֶן		
⑨חָצֵר		
⑩סֵפֶר		

단어	발음(음역)	뜻
⑪ בְּהֵמָה		
⑫ שֵׁבֶט		
⑬ אֹזֶן		
⑭ רֵעַ		
⑮ גָּלָה		
⑯ שֶׁבַע		
⑰ אָבַד		
⑱ מִצְוָה		
⑲ בָּקָר		
⑳ רִאשׁוֹן		

아래 음역을 히브리어로 쓰고 뜻을 기록하시오(답은 밑부분에)
(히브리어를 쓸 때에는 자음만 기록하면 됨)

발음(음역)	히브리어	뜻
①샤파뜨		
②(ㅎ)아론-		
③(ㅎ)아싸프		
④카보-드		
⑤룸-		
⑥카프		
⑦야콜		
⑧셰멘		
⑨학쩨르		
⑩쎄페르		

① שפט(재판하다) ② ארון(궤/상자) ③ אסף(모이다) ④ כבוד(영광)
⑤ רום(오르다) ⑥ כף(손바닥) ⑦ יכל(할 수 있다) ⑧ שמן(기름)
⑨ חצר(뜰) ⑩ ספר(두루마리)

발음(음역)	히브리어	뜻
⑪베헤마흐		
⑫셰베뜨		
⑬(ㅎ)오젠		
⑭레(ㄱ)아		
⑮갈라흐		
⑯샤바(ㄱ)		
⑰(ㅎ)아바드		
⑱미쯔와흐		
⑲바까르		
⑳리(ㅎ)숀-		

⑪בהמה(짐승) ⑫שבט(지팡이) ⑬אזן(귀) ⑭רע(친구/동료)
⑮גלה(드러내다/계시하다) ⑯שבע(맹세하다) ⑰אבד(멸망하다) ⑱מצוה(계명)
⑲בקר(가축) ⑳ראשון(첫번째)

205

26
150번 이상 나오는 단어

단어	발음(음역)	품사	뜻
① זָקֵן	자껜	형용사	늙은
② לָמָה	ㄹ람마ㅎ	의문사	왜(why)
③ שָׂפָה	사파ㅎ	명사	입술
④ שָׁאַל	샤(ㅎ)알	동사	묻다
⑤ חָוָה	학와ㅎ	동사	절하다
⑥ בָּחַר	바학ㄹ	동사	선택하다
⑦ אַיִל	(ㅎ)아이일	명사	숫양
⑧ בִּין	비인	동사	이해하다
⑨ לָחַם	ㄹ라학ㅁ	명사	싸우다
⑩ עֵדָה	(ㄱ)에다ㅎ	명사	회중/모임

단어	발음(음역)	품사	뜻
⑪ קָדַשׁ	까다쉬	상태동사	거룩하다 구별시키다
⑫ דּוֹר	도-르	명사	세대
⑬ הָרַג	하라그	동사	죽이다
⑭ מְלָאכָה	멜라(ㅎ)카흐	명사	일/사역
⑮ רָעָה	라(ㄱ)아흐	동사	(양떼를)치다
⑯ אַחֵר	(ㅎ)아헥르	형용사	다른
⑰ דָּרַשׁ	다라쉬	동사	조사하다
⑱ חוּץ	훅-쯔	명사	밖
⑲ פֶּתַח	페타흐	명사	입구
⑳ סָבַב	싸바브	동사	(둘레를)돌다

연습문제(1)

아래 히브리어를 읽고 음역한 후 뜻을 기록하시오(답은 앞 페이지에)

단어	발음(음역)	뜻
① זָקֵן		
② לָמָה		
③ שָׂפָה		
④ שָׁאַל		
⑤ חָוָה		
⑥ בָּחַר		
⑦ אַיִל		
⑧ בִּין		
⑨ לֶחֶם		
⑩ עֵדָה		

단어	발음(음역)	뜻
⑪קָדֹשׁ		
⑫דּוֹר		
⑬הָרַג		
⑭מְלָאכָה		
⑮רָעָה		
⑯אַחֵר		
⑰דָּרַשׁ		
⑱חוּץ		
⑲פֶּתַח		
⑳סָבַב		

연습문제(2)

아래 음역을 히브리어로 쓰고 뜻을 기록하시오(답은 밑부분에)
(히브리어를 쓸 때에는 자음만 기록하면 됨)

발음(음역)	히브리어	뜻
① 자껜		
② 람마ㅎ		
③ 사파ㅎ		
④ 샤(ㅎ)알		
⑤ 학와ㅎ		
⑥ 바핳르		
⑦ (ㅎ)아이일		
⑧ 비인		
⑨ ㄹ라핳ㅁ		
⑩ (ㄱ)에다ㅎ		

① זָקֵן(늙은) ② לָמָה(왜why) ③ שָׂפָה(입술) ④ שָׁאַל(묻다) ⑤ הָוָה(절하다)
⑥ בָּחַר(선택하다) ⑦ אַיִל(숫양) ⑧ בִּין(이해하다) ⑨ לָחַם(싸우다)
⑩ עֵדָה(회중)

210

발음(음역)	히브리어	뜻
⑪까다쉬		
⑫도-르		
⑬하라그		
⑭멜라(ㅎ)카흐		
⑮라(ㄱ)아흐		
⑯(ㅎ)아헬르		
⑰다라쉬		
⑱훅-쯔		
⑲페타흐		
⑳싸바브		

⑪קדש(거룩하다/구별시키다) ⑫דור(세대) ⑬הרג(죽이다)
⑭מלאכה(일/사역) ⑮רעה(양떼를 치다) ⑯אחר(다른)
⑰דרש(조사하다) ⑱חוץ(밖) ⑲פתח(입구) ⑳סבב(둘레를 돌다)

211

27
130번 이상 나오는 단어

단어	발음(음역)	품사	뜻
① שְׁמֹנֶה	세모네흐	숫자	8(여덟)
② הָלַל	할랄	동사	찬양하다
③ נָסַע	나싸(ㄱ)	동사	출발하다
④ עֲבֹדָה	(ㄱ)아보다흐	명사	노동
⑤ רָדַף	라다ㅍ	동사	추격하다
⑥ חָנָה	학나흐	동사	장막을 치다
⑦ שֶׁ	셰	관계대명사	אֲשֶׁר의 짧은 형태
⑧ אָז	(ㅎ)아즈	부사	그래서
⑨ יַיִן	야이인	명사	포도주
⑩ יָמִין	야미인	명사	오른손

단어	발음(음역)	품사	뜻
⑪ חַיִּים	학이이임	명사	생명
⑫ מַעַל	마(ㄱ)알	부사	위/위쪽
⑬ נוּחַ	누-아흐	동사	쉬다
⑭ מִשְׁכָּן	미쉬칸	명사	거처
⑮ נְחֹשֶׁת	네호셰트	명사	구리
⑯ חָכָם	학캄	형용사	지혜로운
⑰ יֵשׁ	예쉬	동사	~가 있다
⑱ סוּס	쑤-쓰	명사	말(horse)
⑲ נַחַל	나학를	명사	시내/하천
⑳ פָּתַח	파타흐	동사	열다

213

연습문제(1)

아래 히브리어를 읽고 음역한 후 뜻을 기록하시오(답은 앞 페이지에)

단어	발음(음역)	뜻
① שָׁמְנָה		
② הָלַל		
③ נָסַע		
④ עֲבֹדָה		
⑤ רָדַף		
⑥ חָנָה		
⑦ שֶׁ		
⑧ אָז		
⑨ יַיִן		
⑩ יָמִין		

단어	발음(음역)	뜻
⑪ חַיִּים		
⑫ מַעַל		
⑬ נוּחַ		
⑭ מִשְׁכָּן		
⑮ נְחֹשֶׁת		
⑯ חָכָם		
⑰ יֵשׁ		
⑱ סוּס		
⑲ נַחַל		
⑳ פֶּתַח		

연습문제(2)

아래 음역을 히브리어로 쓰고 뜻을 기록하시오(답은 밑부분에)

(히브리어를 쓸 때에는 자음만 기록하면 됨)

발음(음역)	히브리어	뜻
①셰모네흐		
②할랄		
③나싸(ㄱ)		
④(ㄱ)아보다흐		
⑤라다프		
⑥학나흐		
⑦셰		
⑧(ㅎ)아즈		
⑨야이인		
⑩야미인		

① שמנה(여덟8) ② הלל(찬양하다) ③ נסע(출발하다) ④ עבדה(노동)
⑤ רדף(추격하다) ⑥ חנה(장막을 치다) ⑦ ש(관계대명사) ⑧ אז(그래서)
⑨ יין(포도주) ⑩ ימין(오른손)

발음(음역)	히브리어	뜻
⑪학이이임		
⑫마(ㄱ)알		
⑬누-아흐		
⑭미쉬칸		
⑮네훅셰트		
⑯학캄		
⑰예쉬		
⑱쑤-쓰		
⑲나학를		
⑳파타흐		

⑪חיים(생명) ⑫מעל(위/위쪽) ⑬נוח(쉬다) ⑭משכן(거처)
⑮נחשת(구리) ⑯חכם(세대) ⑰יש(~가 있다) ⑱סוס(말horse)
⑲נחל(하천) ⑳פתח(열다)